CARLOS A. FERRO

SAN MARTIN Y MORAZÁN

ERANDIQUE
COLECCIÓN

SAN MARTÍN Y MORAZÁN
CARLOS A. FERRO

©Colección Erandique
Supervisión Editorial: Óscar Flores López
Diseño de portada: Andrea Rodríguez—Mariana Turcios
Administración: Tesla Rodas—Jessica Cordero
Director Ejecutivo: José Azcona Bocock
Primera Edición
Tegucigalpa, Honduras—Julio 2025

ÍNDICE

FRANCISCO MORAZÁN Y JOSÉ DE SAN MARTÍN: DOS HÉROES CONTINENTALES

Como embajador de Argentina en Honduras a finales de la década del sesenta, Carlos A. Ferro descubrió al general Francisco Morazán, y fue inevitable que encontrara similitudes entre el héroe centroamericano y el prócer argentino José de San Martín.

Así nació el libro San Martín y Morazán, publicado por la Secretaría de Educación de Honduras en 1971.

Como se sabe, América fue campo en el siglo XIX de luchas por la independencia y la construcción de nuevas naciones. Mientras en la mayoría de los países el proceso fue violento, entre ellos Argentina, en Centroamérica fue pacífico.

Sin embargo, Morazán tenía lista la espada para combatir a los españoles.

Francisco Morazán y José de San Martín compartieron ideales de libertad, así como una visión de integración regional que se adelantó a su época. De allí que ambos sean considerados en sus pueblos como sus héroes más importantes.

Con una diferencia de catorce años (San Martín nació en 1778 y Morazán en 1792), se convirtieron en grandes generales: el primero en las campañas libertadoras del Río de la Plata, Chile y Perú; el segundo por realizar el sueño de una Centroamérica unida, desarrollada y en paz.

Se ha dicho que el prócer argentino se caracterizó por un liderazgo sobrio y pragmático. Se distinguía por ser un militar disciplinado y modesto.

Por su parte, Francisco Morazán fue un general carismático, ejemplar y con una oratoria que conquistaba voluntades y persuadía a los pueblos.

En Argentina, Chile y Perú, San Martín es llamado Libertador y Padre de la Patria.

Morazán, en cambio, es figura emblemática en Honduras y en El Salvador.

"Tenía sólo once años en 1789 —año grávido de acontecimientos trascendentes— cuando es aceptado como cadete en el Regimiento de Murcia, iniciando así su carrera militar, que duraría veinte años en España y diez en su patria americana. Se batió en África contra los moros, soportando el sitio y destrucción de Orán cuando tiene trece años. A los diecisiete ya es teniente y se bate contra los franceses en su propio territorio metropolitano, tomando parte en las acciones de la Guerra del Rosellón, que termina con la retirada de los españoles", relata el ex embajador Ferro en el primer capítulo.

Sobre Morazán, señala: "Morazán no tuvo una escuela militar tan brillante ni su preparación se hizo en los vastos campos de batalla de Europa, en los que la ambición de Napoleón —con cuyo genio militar lo comparó el general Raoul, que se batió a las órdenes de los dos— trazaba fronteras y destruía o improvisaba reinos. Su vida transcurre en sus primeros años plácidamente en la Tegucigalpa nativa, y sólo su natural curiosidad y su privilegiada inteligencia le permiten irse formando una cultura bastante completa para aquel modesto ambiente".

A partir de allí, el ex embajador Ferro irá realizando otras comparaciones entre los dos generales, incluyendo algunas de sus proclamas y sus testamentos.

Dos regiones que palpitan con un solo corazón; dos libertadores; dos generales que encendieron la llama de la pasión en su pueblo…

Con esta reedición, Colección Erandique agradece la iniciativa que el ex embajador Carlos A. Ferro tuvo de escribir sobre el general Francisco Morazán.

ÓSCAR FLORES LÓPEZ
Editor Colección Erandique

LIMINAR...

El doctor Carlos A. Ferro, autor de esta obra: "SAN MARTÍN Y MORAZÁN", la puso recientemente en mis manos con el objeto de que la leyera y la precediera de unas palabras liminares que hoy escribo con motivo de su conocimiento.

Al principio creí que el doctor Ferro la había escrito con el propósito de hacer un paralelo histórico de ambas figuras americanas, o la comparación sanísima de sus personas o de aspectos importantes de sus actividades en la lucha por la libertad de los países donde nacieron, o donde desplazaron la floración más grande de sus pensamientos; empero no es así; no tiene esa limitación ni procura llevar a la mente de nadie criterios acerca de la altura americana y universal de los gloriosos generales San Martín y Morazán. Destaca, naturalmente, las semejanzas en hechos y condiciones trascendentes de ambos paladines, pero sin el afán de contrastar y, mucho menos, de hallarlo más grande a éste a costa de la comparación con el otro.

La obra del doctor Ferro no es una mera exaltación literaria e hiperbólica de San Martín y Morazán. Es una obra de carácter histórico, profundamente metida en la realidad de nuestro mundo americano, afincada en los anhelos más grandes de nuestros pueblos con el paradigma de dos de sus hombres más identificados con el porvenir de su época, que ya es hoy parte del presente contradictorio de nuestra etapa contemporánea.

La obra del doctor Ferro no exagera los merecimientos de San Martín y Morazán. Muy lejos de ello, como dice en el capítulo primero: "El despertar de los paladines", los asienta en la sencillez de sus pueblos donde nacieron y en las condiciones reales que tuvieron en torno durante el proceso ilustre de sus vidas.

A este respecto, apunta: "Yapeyú y Tegucigalpa, pequeños villorrios perdidos en la inmensidad de nuestra América, tienen el honor de haber sido las cunas de dos de los más grandes hombres que haya producido el nuevo mundo".

Después viene la narración reforzada con el dato exacto y el toque emocionado y amoroso —como diría Martí— acerca de Morazán y San Martín.

Al final del capítulo primero nos dice el historiador y sociólogo Carlos A. Ferro: "Ambos futuros paladines americanos, separados por catorce años poco más o menos, conforme a las fechas de sus nacimientos, participarán en sendos movimientos revolucionarios que se cumplen a igual diferencia de años, repitiendo gestos y a veces hasta palabras en escenarios separados por muchos miles de kilómetros".

El doctor Ferro, interesado en la verdad insoslayable de los hechos, descubre en esta obra la participación renovadora, transformadora, democrática y revolucionaria —digámoslo de una vez— de las dos grandes figuras de la historia de América. Revolucionarios porque comprendieron a sus pueblos, estudiaron sus problemas, vislumbraron sus dificultades y se pusieron a la cabeza de "sendos movimientos" que conducían hacia la libertad, la integración republicana, el progreso y la unidad como recursos de defensa interna para el mantenimiento de la independencia de los pueblos americanos contra las asechanzas que proliferaban.

Señala con acierto la "vocación continental" de San Martín y Morazán. La vocación americana; su perspectiva más allá de las patrias chicas de nacimiento.

Aquí se describe la formación intelectual y las primeras actividades que dieron vida a esa formación. Ambos héroes surgen, en su formación ideológica, como el doctor Ferro escribe: del "...movimiento emancipador y separatista ya consumado en la América del Norte y la rebelión racionalista, nacida de los enciclopedistas y la revolución francesa, con su secuencia de conspiraciones y organizaciones secretas que en Europa y América buscan el cambio institucional y político de un mundo en declinación".

Sus teorías fueron las grandes ideas de los enciclopedistas iluminando la lucha sagrada de los pueblos americanos cansados de la miseria colonial, agitados por las conquistas de otras naciones y alertados por la necesidad humana y social de vivir en libertad e independencia, para el logro de los goces de la cultura de que tanto informaban las obras filosóficas y políticas de los ilustrados franceses.

Es precisamente en esa "vocación continental" donde reside la mayor importancia de los dos grandes hombres que —con mano maestra— dibuja hasta en su fondo, el doctor Carlos A. Ferro.

Las coincidencias en distintas cosas y cuestiones de ambos personajes sirven al autor para demostrar —como ya lo hemos dicho— no las diferencias, no el mayor coturno espiritual, sino la densa preocupación por los objetivos primordiales de la América, sometida al atraso de la colonia y marginada por tal negación histórica al abandono de las leyes del progreso continental.

La lucha de San Martín no fue desconocida en Centroamérica. El mismo San Martín se encargó de que no lo fuese

e invitó al combate por la independencia y a que nuestros cinco países decidieran la no anexión al imperio de Iturbide. San Martín conocía las consecuencias que sobrevendrían a esa anexión; sabía lo que significaba la independencia para los pueblos y la desgracia de perderla. El libertador San Martín había visto en la independencia el corazón de todo el proceso republicano y la base material del progreso y existencia libre de nuestras naciones.

El doctor Ferro describe las batallas militares que dirigieron San Martín y Morazán; pero las describe como el recurso multitudinario de los dos genios —tal es la inducción histórica y política— para cumplir su misión nacional y continental, para dirigir a los hombres de su época por los nuevos senderos que requerían sus ideales de bienestar y la formación a galope de las naciones americanas que exigían un puesto luminoso, donde la libertad y democracia tuviesen acomodo y desarrollo sin límites.

Los capítulos de la obra de Carlos A. Ferro son las lecciones de patriotismo que dieron, en su tiempo, José de San Martín y Francisco Morazán.

"Una de las primeras medidas sanmartinianas en el Perú —nos expresa el autor— fue mandar destruir los bustos del rey y los emblemas monárquicos..."

"Hubo patriotas de visión más amplia que soñaron con la independencia total y el fin del gobierno de clases. Morazán —anota el doctor Ferro— se contó entre ellos, oponiéndose a la anexión a

México primero y transformándose en el soldado de la libertad después..."

De seguida, exterioriza: "La cruzada morazánica tuvo por objeto la efectiva liberación centroamericana y el cumplimiento de los principios generosos consagrados en la Constitución de 1824. Puso fin real al gobierno colonial y clasista de la época española, que intentó perdurar aliado a la oligarquía guatemalteca, como intentó perdurar en Lima aliado a la oligarquía peruana..."

En cada nuevo capítulo encontramos más datos sobre cada uno de los héroes continentales; su explicación, su fundamento y la razón social de las actividades que emprendieron con tanta limpieza de propósitos, sin desvincularse jamás de los anhelos más acendrados y humanos de sus pueblos.

La grandeza de San Martín y Morazán surge plásticamente de sus luchas y del significado de esas luchas para sus pueblos. El doctor Carlos A. Ferro no olvida —en ningún momento de su obra histórica— a los pueblos como fuente creadora de los héroes. San Martín y Morazán, en su tamaño, en su figura humana, en su sencillez y profunda comprensión de su deber patriótico y su misión popular, estuvieron siempre fundidos —si cabe la expresión— con la lucha diaria, la conquista de todos los días, la aspiración del mañana y el programa agitado del porvenir continental.

Morazán y San Martín no fueron superhombres. Los superhombres nunca han existido, pero fueron hombres de sus pueblos, dirigentes ilustres de su tiempo hasta en los mínimos quehaceres de sus vidas.

En los últimos momentos, tanto el uno como el otro, y cada quien en su latitud, demostraron esa grandeza de ánimo, de espíritu y de pensamiento pleno de vida, impregnado de las sustancias vitales y aspiraciones libertarias de sus pueblos y naciones.

El doctor Carlos A. Ferro nos ha dado una obra de mérito, de fresca historia acerca de hechos inolvidables para los lectores del Continente Americano.

Los libros —se ha dicho con razón— tienen problemas que resolver y alguna misión cultural y política que llevar a los luchadores del presente y del porvenir. Esta obra del doctor Ferro cumple su misión cultural y política y lleva una lección perenne a los pueblos de nuestra América.

El conocimiento de la historia continental que tiene el doctor Carlos A. Ferro —hombre de letras, universitario activo— ha contribuido a darnos una obra plena de madurez y penetrante en los hallazgos vinculados a la vida de Francisco Morazán y José de San Martín.

Esta obra confirma nuestros ideales y fortalece nuestras esperanzas en el futuro de América.

Cecilio Zelaya Lozano
Rector de la Universidad Nacional Autónoma de Honduras.

INTRODUCCIÓN

El comparar la vida de varones ilustres, estudiando en forma paralela los hechos esenciales que las caracterizaron, es uno de los métodos de enseñanza de la historia cuya bondad y prestigio viene acreditado desde muy antiguo, como lo prueban las lecciones de Plutarco que, a través de los siglos, conservan permanente actualidad.

Carlyle y Toynbee han estudiado desde diferentes ángulos el problema de la relación entre la sociedad y el individuo, pero lo medular de sus teorías se expone en conclusiones que guardan gran similitud. Los dos filósofos de la historia sostienen que la fuente de acción no es la sociedad misma, sino el individuo, que en una u otra forma realiza un acto de creación que tiene el sello del genio.

El genio se expresa por su influencia sobre los hombres de su generación, dentro de la cual su personalidad creadora constituye una excepción. La magnitud de su influencia sobre los demás hombres de arcilla común opera ocasionalmente mediante el método perfecto de la iluminación directa o mediante la conquista de los espíritus, que lleva a la imitación y pone al grupo social en condiciones de encarar una evolución a la que no se hubiera decidido por propia iniciativa.

La gravitación social de los hombres excepcionales es incuestionable. Las civilizaciones son campos permanentes de experimentación, pero la fuerza propulsora con poder para poner en marcha movimientos revolucionarios violentos o simplemente evolutivos, sólo la puede suministrar la acción de los conductores, héroes o genios que las sociedades han sido capaces de producir. Bergson expresa claramente que no cree en el factor inconsciente en la historia de los pueblos: las grandes corrientes del pensamiento sólo fluyen a consecuencia del hecho de que masas de hombres han sido arrastrados por unos pocos.

A esta categoría de individuos excepcionales, con condiciones para poner en marcha el arduo proceso de crecimiento de una sociedad y de orientar su evolución hacia formas nuevas y superiores, pertenecieron San Martín y Morazán.

Al trazar el paralelo de sus vidas ejemplares, estudiando pensamientos y acciones, así como sus proyecciones históricas, no solamente llenamos un vacío bibliográfico, sino que, por fácil camino didáctico, aseguramos el ser escuchados al hablar a los centroamericanos de San Martín, y a los sudamericanos de Morazán, despertando el amor y respeto por estos hombres singulares, cada uno debidamente apreciado en el vasto escenario en que se cumplieron sus gestas libertarias y unionistas, pero casi desconocidos en los países donde no actuaron en forma directa.

Con motivo de la Semana Morazánica, el Centro de Estudiantes de la Escuela Superior del Profesorado Francisco Morazán, de Tegucigalpa, para honrar dignamente la memoria del héroe epónimo, organizó un ciclo de conferencias requiriendo nuestra colaboración para efectuar un paralelismo histórico e ideológico entre los dos máximos arquetipos de Centroamérica y la República Argentina. La posibilidad de aplicar el método de Plutarco a las vidas de San Martín y Morazán no aparecía prima facie demasiado clara, pero poco tardamos en comprobar hasta qué punto era acertada la fórmula entrevista por los jóvenes estudiantes hondureños al proponer el paralelismo y encomendarnos tan honroso estudio.

Desde luego que no era difícil comprender que enfrentábamos a dos almas gemelas de excelsas virtudes cívicas y militares, e idéntica formación ideológica, nutridas en las corrientes liberales que caracterizan los inicios del siglo XIX, en el curso de cuya primera mitad transcurre la vida pública de los dos paladines del unionismo americano; pero no es fácilmente perceptible la identificación de sus sentimientos, que los llevó a considerarse ciudadanos de la gran patria continental y a repetir virtualmente los mismos gestos y, en ocasiones, hasta las mismas palabras, al confrontarse con diversos problemas que exigían idénticas definiciones o generaban iguales hechos trascendentales.

Se dieron en cuerpo y alma a la causa que adoptaron y la sirvieron con clara inteligencia, excepcionales dotes de estrategas y adoptando austeras medidas de gobierno para asegurar a sus conciudadanos los beneficios de la paz y el orden democrático y republicano. Por el camino arduo de los triunfos militares llegaron al poder con la aureola de invencibles y lo ejercieron con total desprendimiento personal, como a la postre se comprueba con la simple lectura de sus testamentos, de los que resulta que se aprestaron a abandonar este mundo en la misma severa pobreza en que vivieron en él, cuando no con deudas morales o materiales hacia quienes los ayudaron en los momentos penosos del exilio. ¡Ellos, que condujeron ejércitos, gobernaron naciones y recibieron los más altos honores civiles y militares que los pueblos otorgan a sus hijos preferidos!

Los dos se batieron bajo idénticos colores: para San Martín, el azul y blanco a fajas horizontales de la bandera de las Provincias Unidas de Sud América, aprobada por el Congreso de Tucumán el 24 de julio de 1816; para Morazán, la bandera azul y blanca a fajas horizontales, aprobada por la Asamblea Nacional Constituyente de Guatemala el 21 de agosto de 1823. No es una mera coincidencia, sino que las campañas victoriosas de San Martín en Chile y el Perú influyeron en la decisión del salvadoreño Manuel José Arce al adoptar esos colores en 1822 como distintivos de sus milicianos, al prepararse a resistir la anexión al Imperio de Iturbide, creándose en esta forma la divisa que después adoptaría la República Federal Centroamericana, de la que Morazán fue Presidente por dos períodos consecutivos.

San Martín y Morazán conocieron la ingratitud e incomprensión de sus contemporáneos y fue igualmente generosa su capacidad de perdón. Abandonaron el escenario de sus triunfos cuando todavía ejercían primeras magistraturas y estaban en condiciones de luchar por su permanencia en el poder. Prefirieron el renunciamiento y el exilio voluntario al comprender que ese era el más grande servicio que podían prestar a la causa que habían abrazado con tanto amor y fervor.

Ambos intentaron un retorno ante idénticas circunstancias internacionales; las más poderosas potencias europeas del siglo XIX amenazaron, poco más o menos por igual época, la integridad territorial de sus patrias nativas. San Martín y Morazán, muy lejos el uno del otro, reaccionaron en la misma forma y adoptaron igual actitud. Sin vacilar —la duda nunca tuvo lugar en la entereza de sus almas— ofrecieron el servicio de sus espadas prestigiosas a los gobiernos de la época, pidiendo que se les asignara puesto en la lucha y se les señalara el jefe al que debían obedecer.

Aun en lo meramente anecdótico, el paralelismo prolonga su incuestionable y sorprendente validez. Los dos héroes, el argentino y el centroamericano, recibieron los mismos nombres en la pila bautismal: José Francisco. San Martín usó siempre el primero; Morazán usó siempre el segundo. Ambos nacieron en humildes pueblos coloniales de nombre indígena —Yapeyú y Tegucigalpa— y llevaron en su sangre generosa savia latina trasplantada a América. Iniciaron sus luchas por la independencia y el unionismo americano a la misma edad: 34 años. Es la edad en que obtienen sus primeras victorias militares y pasan a ser principales protagonistas en el acaecer político que conmueve al continente. Es también la edad en que contraen matrimonio, y lo hacen con damas que, como ellos, tienen el mismo nombre: María. De cada una de esas uniones había de nacer una hija, las que constituyen la base de la descendencia legítima de los próceres.

Como hombres de acción y conductores de pueblos, se hicieron de muchos adversarios, pero fueron odiados pocas veces. Esa regla fue rota en cada caso una vez, en que la enemistad no reconoció límites. Esos enemigos terribles tuvieron el mismo apellido: Carrera.

Cuando San Martín, después de liberar a Chile, culmina su campaña entrando victorioso en Lima, se ve compelido por las circunstancias a expulsar al Arzobispo Monseñor Las Heras, que no acepta medidas del nuevo orden. Cuando Morazán, después de liberar a El Salvador, termina su más importante campaña entrando victorioso en Guatemala, se ve compelido a expulsar al Arzobispo Monseñor Casaus y Torres, que no acepta medidas del nuevo orden.

Otra coincidencia poco común resulta del hecho de que cuando San Martín renuncia al cargo de Protector del Perú, abandona Lima para iniciar el largo peregrinaje que lo llevó a morir en suelo extraño; cuando Morazán renuncia a su cargo de Jefe de Estado de El Salvador e inicia su exilio, se dirige precisamente a Lima, desde donde habría de salir para su último peregrinaje centroamericano que lo llevó a morir en San José de Costa Rica.

Ambos pasaron por Guayaquil, bien fugazmente por cierto, a veinte años de distancia, pero en las dos oportunidades estaba en el puerto ecuatoriano el patriota y poeta Joaquín Olmedo para estrecharlos en apretado abrazo. Pocos hombres tuvieron ese raro privilegio, ya que la epopeya sanmartiniana termina cuando la cruzada morazánica se inicia, pero hay algo de simbólico en ese abrazo que a través de Olmedo se dan los libertadores. Olmedo es el tercer abanderado de la insignia azul y blanca a fajas horizontales que en 1820, siendo Presidente de la Junta de Gobierno de Guayaquil independiente, adaptó y adoptó como divisa de su patria naciente.

Los dos próceres murieron lejos del lugar de su nacimiento, legando sus cenizas a las capitales de las Repúblicas que sirvieron con sus espadas. Sus testamentos, curiosos documentos gemelos de cuatrocientas noventa y dos palabras, se inician invocando al Creador, siguen designando al heredero universal —en ambos casos una mujer—, se continúan con siete normas dispositivas o declarativas y terminan con un artículo adicional que contiene su más importante legado.

El singular paralelismo de sus vidas se cierra cuando, acalladas las pasiones que siempre desata la acción de los grandes hombres, cae sobre sus memorias el juicio objetivo de la posteridad. El amor y el respeto de los pueblos que los tienen por paladines de su libertad los hace inmortales. Sus restos fueron repatriados; sus estatuas se levantan en las capitales de América; con sus nombres se bautizan ciudades, avenidas y paseos; los grandes hechos de sus gestas son paradigmas para las nuevas generaciones de americanos que se educan venerando su recuerdo; las máximas dignidades honoríficas que Argentina y Honduras otorgan a los extranjeros ilustres a los que se proponen honrar se denominan, respectivamente, Orden del Libertador San Martín y Orden del General Morazán; son, en definitiva, los héroes carismáticos y ejemplares de dos vastas regiones de América cuyos pueblos los reconocen como sus hijos preclaros y dilectos.

I: EL DESPERTAR DE LOS PALADINES

Yapeyú y Tegucigalpa, pequeños villorrios perdidos en la inmensidad de nuestra América, tienen el honor de haber sido las cunas de dos de los más grandes hombres que haya producido el Nuevo Mundo.

1

San Martín nació en Yapeyú el 25 de febrero de 1778, cuando la antigua misión jesuítica florecía en medio de la exuberante floresta del norte argentino, en el linde con la tierra brasileña. Era una reducción de indios fundada por sacerdotes de la Compañía de Jesús en la ribera derecha del río Uruguay, en la confluencia con el Guabirabí, en territorio que hoy pertenece a la Provincia de Corrientes. Don Juan de San Martín, padre del Libertador, era natural del Reino de León y había casado en Buenos Aires, por poder, con doña Gregoria Matorras, natural del Reino de Castilla, poco antes de ser designado Gobernador del Departamento de Yapeyú. Una vez más cobró realidad el viejo mito hispano que habla de la fuerza imperecedera de cuanto se realiza bajo el signo
de la unión de Castilla y de León... De ese matrimonio nacieron una mujer y cuatro varones, de los cuales José Francisco fue el menor. Todos se educaron en España y allí quedaron como fieles soldados del Rey. Únicamente José Francisco regresó a la patria nativa en busca de su destino americano, atraído por la imagen del Yapeyú de sus primeros años —que nunca volvería a ver— y del Buenos Aires colonial donde inició sus estudios primarios. Yapeyú es nombre de origen guaraní y su toponimia nos dice que significa el fruto llegado a tiempo.

Hacia la época en que se produce el nacimiento de San Martín —fruto llegado a tiempo—, comprendía alrededor de veinte estancias y otros tantos puestos ganaderos y ranchos desde donde se guardaban no menos de sesenta mil cabezas de vacuno y unos diez mil equinos, anunciadores de la riqueza del lugar, integrado, mediante las rutas indígenas, con el resto de un país que ya despuntaba como un centro agrícola-ganadero de importancia.

Yapeyú sería destruido por los portugueses el 12 de febrero de 1817. Ese mismo día San Martín ganaba la batalla de Chacabuco coronando el histórico cruce de los Andes.

2

Tegucigalpa, donde nace Morazán el 3 de octubre de 1792, también lleva con donaire un eufónico nombre indígena, cuya significación los eruditos no han podido desentrañar a ciencia cierta, dividiéndose las opiniones entre varias hipótesis. Optamos por el preanunciador: la piedra agresiva, aunque Aguilar Paz, con su mucha sabiduría en esta materia, nos haya dicho que, atendiendo al origen nahuá del nombre, la toponimia más exacta debe ser: la casa de los señores.

En la última decena del siglo XVIII, el pequeño poblado provincial tenía alrededor de cuatro mil habitantes y, al igual que Yapeyú, crecía recostándose sobre la margen derecha de un río en la confluencia con otro —para este caso el Río Grande o Choluteca y el Guacerique—, al tiempo que una población indígena se establecía en la otra costa dando origen a Comayagüela, que recién en nuestros días se confundiría con la capital en una sola ciudad. El Real de Minas de Tegucigalpa nucleaba su población alrededor de algunas familias españolas dedicadas a las explotaciones mineras y por muchos años no pasó de ser un modesto poblado que recién alcanzaría la categoría de ciudad en el año 1821, al proclamarse la independencia centroamericana, y la categoría de capital de Honduras en 1856, al decretarse el traslado desde Comayagua. El ceibo, el naranjo, los pinos y el aguacate adornaban las inmediaciones, en las que abundaban los pájaros y flores silvestres que daban al paisaje agreste cierta semejanza con el lejano y también subtropical y primitivo panorama que rodeaba a Yapeyú...

En ambos casos, amplios horizontes de salvaje libertad e igual raquitismo cultural. Las criaturas que nacieron en esos ambientes fueron soldados de la libertad y se formaron culturalmente conforme a ese signo inicial, buscando el saber y los conocimientos necesarios a sus empresas con avidez de insatisfechos, en medio de dificultades y batallas, en todas las fuentes donde pudieron abrevar.

Morazán fue hijo de don Eusebio Morazán y de doña Guadalupe Quesada, ambos hondureños. También sus abuelos lo fueron. En sus corrientes de sangre no hay aportes indígenas sino viejas cepas de antigua estirpe española y latina. Morazán, por la rama paterna, recibe aportes hispanos y romanos, y por la materna, españoles

y criollos. Tuvo tres hermanos: Marcelina, Cesárea y Benito. Fue bautizado con los nombres de José Francisco, por el Presbítero Juan Francisco Márquez el 16 de octubre de 1792, en la iglesia parroquial de Tegucigalpa.

3

También San Martín había sido bautizado con esos mismos nombres: José Francisco. Su niñez en Yapeyú se limitó a los tres primeros años de vida. En los cuatro subsiguientes, sus padres se radicaron en Buenos Aires, ya capital del Virreinato del Río de la Plata y beneficiada con generosas prerrogativas otorgadas por la Corona para facilitar su auge económico. Hacia 1785, don Juan de San Martín, su mujer e hijos criollos se trasladaron definitivamente a España. Sus restos mortales retornarían siglo y medio más tarde, requeridos por la veneración de los argentinos a todo lo concerniente a la vida del Libertador. En España, los hermanos mayores no tardaron en entrar a servir en los ejércitos del Rey. José Francisco, de sólo siete años, tez bronceada y ojos negros, fue inscrito en el Seminario de Nobles de Madrid para seguir los estudios ya iniciados en Buenos Aires. Tiempo más tarde ingresaría al ejército como sus hermanos.

Tenía sólo once años en 1789 —año grávido de acontecimientos trascendentes— cuando es aceptado como cadete en el Regimiento de Murcia, iniciando así su carrera militar, que duraría veinte años en España y diez en su patria americana. Se batió en África contra los moros, soportando el sitio y destrucción de Orán cuando tiene trece años. A los diecisiete ya es teniente y se bate contra los franceses en su propio territorio metropolitano, tomando parte en las acciones de la Guerra del Rosellón, que termina con la retirada de los españoles.

Hacia 1798 combate contra la escuadra inglesa en el Mediterráneo y en 1801 lo hace en Portugal. Llegan los años de la invasión napoleónica a España, que serán los de escuela definitiva para este soldado nato y, al mismo tiempo, le darán la auténtica dimensión de la monarquía española a la que está sirviendo desde sus años infantiles. Es su aprendizaje de la lucha por el patrio suelo y su primera desilusión en cuanto al valor de los que mandan desde más allá de los campos de batalla.

Toda España lucha enardecida cuando sus reyes se entregan al invasor. San Martín se bate en Arjonilla y gana en el campo de batalla su ascenso a Capitán de Caballería, al poner en fuga a un aguerrido grupo de combate enemigo. Poco después, el 18 de julio de 1808, los ejércitos de Napoleón son derrotados en Bailén y San Martín gana en esa decisiva batalla una medalla de oro en la que se ve una corona de laurel sobre dos espadas en cruz. Bailén es el nombre de la gloria en la campaña andaluza de San Martín. Nos place recordarlo con la frase del General Sánchez de Bustamante, miembro del Instituto Sanmartiniano, en reciente estudio publicado en abril de 1970 en Buenos Aires:

"Este héroe de Bailén es un oficial del Regimiento de Caballería de Borbón cuya foja de servicios registra su noble calidad, hijo de Capitán. Por serlo, conforme las ordenanzas del reino, inició su carrera de armas como cadete del Murcia, el Regimiento de uniforme celeste y blanco".

Quizás de Andalucía trajo el amor a esos colores y su veneración por la Virgen del Carmen, a la que más tarde haría Generala y Patrona del Ejército de los Andes. Con la medalla de Bailén, San Martín ganó el grado de Teniente Coronel, con el que se batió en Tudela y fue herido en Albuera. En 1811, los españoles entran victoriosos en Madrid, recuperando la capital perdida.

Durante esas convulsiones febriles que conmovieron a España en la primera década del siglo XIX, San Martín, como lo expresa Ricardo Rojas, sirvió a la Madre Patria con denuedo y lealtad. Combatió contra todos sus enemigos: los moros en África, los franceses en el Rosellón, los portugueses en su suelo, los ingleses en el Mediterráneo y, finalmente, contra las legiones napoleónicas. Había cumplido honradamente con el antiguo deber defendiendo la cuna de sus padres, pero ahora llegaba el tiempo de un deber nuevo: defender su propia cuna.

4

Morazán no tuvo una escuela militar tan brillante ni su preparación se hizo en los vastos campos de batalla de Europa, en los que la ambición de Napoleón —con cuyo genio militar lo comparó el General Raoul, que se batió a las órdenes de los dos— trazaba fronteras y destruía o improvisaba reinos. Su vida transcurre en sus primeros años plácidamente en la Tegucigalpa nativa y sólo su natural curiosidad y su privilegiada inteligencia le permiten irse formando una cultura bastante completa para aquel modesto ambiente. Fray José Antonio Murga le enseñó gramática latina en el Convento de San Francisco. Fue buen estudiante de matemáticas e historia, que fueron igualmente las materias preferidas de San Martín.

Sus lecturas fueron constantes y bien aprovechadas, como lo demostró más tarde en sus escritos políticos. Hacia 1808 acompaña a su padre a Morocelí para regresar tiempo después a Tegucigalpa, donde ingresa en la escribanía de don León Vázquez. La biblioteca de este importante personaje de los últimos años de la colonia y, después, la de su primo político don Dionisio de Herrera, que sería el primer Presidente de Honduras, permitieron al autodidacto que fue Morazán completar sus conocimientos y, según la expresión de uno de sus mejores biógrafos, adquirir sólida instrucción, llegando a conocer bastante bien el movimiento filosófico de los enciclopedistas.

Dice Zúñiga Huete que el joven Morazán sacó provechoso fruto de la lectura de Montesquieu, al que estudió con ahínco, y de Tocqueville, por el que conoció el sistema de gobierno de los Estados Unidos. Aprendió el francés en casa de Dionisio de Herrera —lengua que también San Martín habló con corrección— y pudo seguir el curso de las campañas napoleónicas y, finalmente, el de la independencia española, deslumbrado por aquella gesta heroica y brillante en la que San Martín era actor secundario pero efectivo. Por distintos caminos, la vida enseñaba a ambos la misma lección.

Morazán, como San Martín, se inició en la actividad pública al servicio de España. En el Ayuntamiento de Tegucigalpa fue asistente del Alcalde Mayor don Narciso Mallol, hombre progresista con claro conocimiento de las funciones administrativas que seguramente transmitió a su emprendedor ayudante. Sin tener título de abogado —en ese entonces era imposible adquirirlo en Tegucigalpa—, fue defensor en varias causas criminales, mostrando la misma lucidez y capacidad planificadora que lo distinguieron después como estratega.

5

En 1810, cuando estalla la Revolución de Mayo en Buenos Aires, San Martín tiene 32 años y había concluido la etapa de su formación.

En 1823, cuando nace la República Centroamericana, Morazán tiene 31 años y había concluido la etapa de su formación.

Ambos futuros paladines americanos, separados por catorce años poco más o menos, conforme a las fechas de sus nacimientos, participarán en sendos movimientos revolucionarios que se cumplen a igual diferencia de años, repitiendo gestos y a veces hasta palabras en escenarios distantes entre sí a muchos miles de kilómetros.

II: FORMACIÓN IDEOLÓGICA Y PRIMERAS ACTIVIDADES

1

La integración americana fue la gran causa a la que dedicaron sus vidas. Ambos se consideraron ciudadanos de América y se batieron fuera de las fronteras de la patria chica de su nacimiento para servir a la patria grande de su vocación continental.

San Martín escribió: "Como amante de la Patria es mi deber concurrir, aun con sacrificio, a la tranquilidad y unión de los pueblos. Los deseos que me animan no son otros que los del bien y la prosperidad de América".

Morazán escribió: "La alianza de los pueblos americanos, aunque se ha frustrado hasta ahora, no está lejos de ser puesta en práctica por tratarse de una combinación admirable. Ella hará aparecer al nuevo mundo con todo el poder de que es susceptible por su ventajosa posición geográfica e inmensas riquezas, por la justicia de los gobiernos y por la identidad de sus sistemas; por su crecido número de habitantes y, sobre todo, por el interés común que los une".

La formación ideológica de ambos y su militancia americana se realizan al amparo de una idéntica corriente de pensamiento que se concreta en España en los debates de las Cortes de Cádiz, que dan nacimiento al "partido liberal" y a los principios renovadores de las viejas estructuras monárquicas. Pero tras el neologismo acuñado para bautizar las nuevas teorías se encuentran los pensadores franceses del siglo XVIII; las doctrinas económicas que impulsan a Gran Bretaña y sus colonias al libre cambio; el movimiento emancipador y separatista ya consumado en la América del Norte; y la rebelión racionalista, nacida de los enciclopedistas y la Revolución Francesa, con su secuencia de conspiraciones y organizaciones secretas que en Europa y América buscan el cambio institucional y político de un mundo en declinación.

La doctrina liberal —dice Zúniga Huete—, trasplantada a la América Hispana, postulaba: la independencia de las antiguas colonias ibéricas de la tutela de la Madre Patria; la libertad de conciencia, la libertad económica, la libertad de enseñanza, de ilustración y el mejoramiento de las condiciones de vida de las masas en todo orden de ideas; y, para la práctica de la democracia, la libertad de sufragio, la emancipación de los esclavos, la igualdad de razas y de castas, la secularización de los bienes de manos muertas, el desarrollo industrial, el progreso en todas las manifestaciones, el implantamiento de las libertades individuales y colectivas contenidas en la proclamación de los derechos del hombre y del ciudadano, hechas por la Revolución Francesa y por el Bill of Rights de la Revolución Inglesa y, en fin, todos los apotegmas avanzados de la cultura occidental.

Sobre esta plataforma de principios se edificó el pensamiento y la conciencia de los próceres de la emancipación hispanoamericana, así como el pensamiento y la conciencia de los continuadores de la obra civilizadora por ellos iniciada.

Esas ideas son las que San Martín y Morazán, en muy distintos lugares, bebieron en el período de su formación. Fueron hombres de las nuevas promociones y, una vez que dieron su adhesión a esas doctrinas, las sirvieron con fidelidad ejemplar por el resto de sus vidas. Tanto en el Río de la Plata como en Centroamérica, el traslado del planteo filosófico que dividió a España se hizo efectivo desde la primera hora de los movimientos emancipadores. En Guatemala, centro de la Capitanía General desde la época de la Audiencia de los Confines, la opinión pública se agrupa, a la hora de la emancipación, en los partidos conservador y liberal, que desde entonces se disputan el poder en todas las Repúblicas ístmicas. En Buenos Aires, las mismas corrientes encauzan los agrupamientos políticos que la República Argentina ha conocido en su historia hasta nuestros días, con excepción de los nucleamientos de izquierda de muy posterior aparición.

Mitre estima que la rebeldía americana tiene más remotos antecedentes que el pensamiento filosófico del siglo XVIII y sostiene que la colonización española en América llevaba en sí el germen del individualismo y de la independencia, citando como ejemplo las insurrecciones iniciales de los hermanos Contreras en Nicaragua (1542), que en Panamá presentaron batalla frontal a las tropas del Rey; la revolución de Gonzalo Orón de Popayán (1560); la sublevación de Aguirre en el Amazonas (1580), que llevó la sedición hasta el centro de Nueva Granada. El famoso Carbajal, nervio militar de la revolución de Pizarro, tipo de los crueles caudillos sudamericanos que vendrían después a imagen y semejanza suya, aconsejaba a su jefe hacerse independiente y, uniendo el ejemplo a la acción, quemó en un brasero el estandarte real con las armas de Castilla y de León e inventó la primera bandera revolucionaria que se enarboló en el

Nuevo Mundo. La guerra de Quito fue la más célebre de las tentativas de independencia a que se atrevieron los españoles americanos. Cuando apenas una nueva generación europea había nacido en América, vése a un hijo de Hernán Cortés, que llevaba en sus venas la sangre americana de la célebre india doña Marina, fraguar una conspiración para independizar a México de su metrópoli en nombre del oscuro derecho territorial invocado por Pizarro.

Los levantamientos de tipo criollo se suceden a todo lo largo del siglo XVII, pero sus reales bases filosóficas y políticas se verán claras recién al terminar el siglo de las luces y producirse la expansión de las ideas de libertad e independencia por todo el mundo occidental. Los próceres criollos que hicieron la revolución independentista abrevaron su ideario en las mismas fuentes liberales. San Martín y Morazán no escaparon a esa regla general. Por el contrario, le dieron validez con su enorme capacidad realizadora.

2

El enrolamiento de San Martín en la causa rebelde que conmueve a toda la América española se produce hacia el final de 1811, cuando ya la Revolución del 25 de Mayo de 1810 había comenzado a devorar a sus propios hijos. Era Coronel del Regimiento de Sagunto cuando decidió el viaje a su tierra natal, ayudado por un escocés que le facilitó documentación falsa y lo dirigió a Londres, desde donde sociedades e intereses secretos fomentaban el levantamiento antiespañol. En Londres, San Martín encuentra otros criollos que, como él, proyectan ofrecer sus servicios a la Patria americana: Alvear, Zapiola, Chilavert, Holmberg, Arellano y Vera. Todos embarcaron en la fragata Canning, que llegó a Buenos Aires el 9 de marzo de 1812. Una semana más tarde se incorporó al Ejército de la Revolución y el Triunvirato le reconoció el grado de Teniente Coronel de Caballería, encomendándole la formación del Regimiento de Granaderos a Caballo. Ya está enfrentado a su destino.

Morazán tampoco participó en el movimiento inicial que llevó a la proclamación de la independencia de Centroamérica el 15 de septiembre de 1821. Al igual que San Martín, se incorporó a la gesta independentista de su suelo nativo cuando ella ya estaba en marcha. Conocía desde sus inicios los actos preanunciadores de la epopeya libertadora en ciernes, tales como el levantamiento en San Salvador el 5 de noviembre de 1811, encabezado por el Presbítero José Matías Delgado, los sacerdotes hermanos Aguilar y Manuel José Arce; la sublevación de León en Nicaragua y la insurgencia de Granada, donde se llegó a deponer a las autoridades españolas; la llamada Conspiración de Belén en Guatemala en 1813 y el segundo levantamiento de San Salvador en enero de 1814; pero para el joven tegucigalpense, la hora de la acción llegó a fines de 1821, cuando en Guatemala y Comayagua se decide la adhesión al Imperio Mexicano, creado por Agustín de Iturbide. Dionisio de Herrera, primo político de Morazán, encabeza la resistencia en Tegucigalpa y Manuel José Arce lo hace desde San Salvador, saliendo en campaña con sus famosos milicianos, no sin antes hacerles jurar —el 20 de febrero de 1822—, la nueva divisa adoptada por los independentistas, la bandera azul y blanca a fajas horizontales que sería más tarde la insignia oficial de la República Federal Centroamericana, hecha inicialmente a imagen de la de San Martín, como expresamente lo proclamaron su creador.

3

Las hazañas militares de San Martín fueron bien conocidas en Centroamérica. Hipólito Bouchard, que combatiera en San Lorenzo a sus órdenes, llegó al Golfo de Fonseca al mando de la fragata La Argentina, en la parte final del célebre periplo que terminó en 1819, y en los meses de abril y mayo de ese año apresó naves de bandera española frente a las costas de Sonsonate y El Realejo. Luis Aury, otro corsario con bandera de Buenos Aires, intentó provocar un levantamiento centroamericano atacando los puertos de Trujillo y Omoa, perdiendo cuarenta hombres en esa empresa realizada en abril de 1820.

Dos años después, bien afianzado en su célebre reducto de Providencia, en el archipiélago caribeño de Islas Margarita, donde había organizado un verdadero Estado dependiente de los gobiernos aliados de Buenos Aires y Chile, escribió al General San Martín en una carta fechada en Barranquilla el 7 de febrero de 1821, una propuesta que, por sí sola, es prueba del prestigio adquirido por el Libertador del Sud, por ese entonces en el pináculo de su gloria. Conforme al plan de Aury, correría por cuenta de sus catorce naves y más de mil hombres el ataque a Panamá, para abrirse una comunicación con los países independientes "de cuyos gobiernos dependo", pero el éxito de la campaña descansaba en que al mismo tiempo se produjera un desembarque de la escuadra argentino-chilena en aguas del Pacífico, que sólo podía ser ordenado por San Martín, cuya autoridad reconocía sin reservas. Quien esto propone es el mismo capitán audaz y aventurero que, algunos años antes, en la reunión de los Cayos de San Luis, se había negado a aceptar la autoridad de Bolívar...

San Martín intervino directamente en la política centroamericana al dirigirse desde Lima, ya proclamada

la independencia del Perú, a los principales ayuntamientos centroamericanos, en oficio fechado el 19 de diciembre de 1822, invitándolos a permanecer independientes, es decir, oponiéndose abiertamente a la ya decidida anexión al Imperio Mexicano proclamado por Agustín de Iturbide. La Municipalidad de San Salvador acordó enviar felicitaciones y un pedido especial de ayuda a los Libertadores San Martín y Bolívar, mientras preparaba la resistencia siguiendo el criterio del primero. Esa resistencia fue mantenida durante todo el año 1822 y sólo cedió cuando el triunfo o la derrota carecían de significación, ya que los propios mexicanos pusieron fin al intento imperial y, en las Cortes reunidas en México, reconocieron —a propuesta del ilustre hondureño José Cecilio del Valle, que había sido Ministro de Relaciones Exteriores de Iturbide— el derecho de los pueblos centroamericanos a disponer libremente de su destino.

4

La participación de Morazán en esta primera etapa de la vida independiente de su patria es apenas un anticipo de la capacidad de acción que habría de demostrar pocos años más tarde. Se incorporó como capitán a la primera compañía de milicias y, al igual que en el caso de San Martín, su obligación inicial para con la causa revolucionaria que abrazaba fue crear, prácticamente de la nada, las fuerzas armadas que la hicieran respetar.

Dejó su cargo en el batallón de voluntarios por él organizado para cumplir una misión delicada, que consistía en asegurar la llegada a Tegucigalpa de una importante remesa de dinero remitida desde Guatemala. Cayó prisionero de un grupo de soldados de Tinoco de Contreras, gobernador español instalado en Comayagua y decidido partidario de Iturbide, pero la suerte lo ayudó y recuperó su libertad a tiempo para dar cabal cumplimiento a su cometido.

Estuvo en Guatemala en los días en que la Asamblea Nacional Constituyente proclamó la independencia definitiva de Centroamérica —10 de julio de 1823— y fue consultado por las comisiones especiales de aquel histórico congreso, llegando a integrar la encargada de dictaminar sobre cuáles debían ser los estados reconocidos como miembros de la nueva Federación. Siete años antes, José de San Martín, a la sazón Gobernador de Cuyo, había sido consultado por el Congreso de Tucumán, que proclamó la independencia definitiva de las Provincias Unidas de Sudamérica —9 de julio de 1816— sobre la forma de gobierno a adoptarse. Las opiniones de uno y otro, emitidas en tales circunstancias, gravitaron en las decisiones de esas asambleas, que tuvieron la sabia intuición de escucharlos cuando apenas se esbozaba su trayectoria de libertadores de pueblos.

La verdadera aparición de Morazán en la escena política tiene lugar el 28 de septiembre de 1824, tercer aniversario de la independencia de Honduras, proclamada ese día en 1821, al conocerse en Comayagua y Tegucigalpa las actas remitidas desde Guatemala. En esa fecha fue nombrado Secretario General del gobierno presidido por Dionisio de Herrera, primer Jefe de Estado de Honduras. Desde ese cargo mostró sus dotes de pacificador, al lograr acallar la resistencia conservadora del grupo reaccionario que intentaba derrocar a Herrera y que planeó su asesinato.

Esa tendencia conservadora logró el copamiento del primer Presidente de la República Federal Centroamericana, General Manuel José Arce, que hasta entonces había militado en la fracción liberal al igual que Morazán. El 5 de septiembre de 1826, Arce depuso al Jefe de Estado de Guatemala, don Juan Barrundia, y comenzó una serie de maniobras para obtener igual resultado con Dionisio de Herrera en Honduras y Mariano Prado en El Salvador. Para Morazán había llegado la hora de la acción. Como San Martín, una vez reconocido su grado militar obtenido en España, inició sus campañas militares justamente al cumplir 34 años.

5

Ambos próceres contrajeron matrimonio a esa misma edad, en que las crónicas de sus épocas respectivas coinciden en considerarlos como dos bellos ejemplares de varón: tez blanca curtida por el sol, apostura militar, facciones agradables, estatura mediana, ademanes mesurados, palabra fácil. La descripción conviene a los dos, y sus mejores biógrafos coinciden hasta en el uso de la adjetivación que nos hemos limitado a transcribir. Eligieron por compañeras a damas consideradas entre las jóvenes más hermosas de los medios sociales de Buenos Aires y Tegucigalpa, que, como ellos, tenían el mismo nombre.

María de los Remedios Escalada casó con José Francisco de San Martín el 12 de septiembre de 1812. Era casi una niña, de bien formado rostro oval y cutis rosado, con hermosa cabellera que caía pródigamente sobre hombros de suaves redondeces. El apuesto oficial quedó prendado de la joven porteña, y a los cinco meses de su desembarco en Buenos Aires la hacía su esposa, actuando como padrino de la boda Carlos María de Alvear, que había sido su compañero de viaje en la Canning y lo seguía siendo en las tareas de organizar los Granaderos a Caballo y en las tenidas secretas de la Logia Lautaro, a la cual ambos pertenecían.

José Francisco Morazán se casó el 30 de diciembre de 1825, en Comayagua —entonces capital de Honduras— con doña María Josefa Lastiri, viuda veintiañera de atractiva belleza, que descollaba en la sociedad hondureña de ese entonces y que supo ser la compañera ejemplar en su agitada vida. Morazán, al igual que San Martín, eligió para testigo de su boda a un compañero de armas, el Coronel de Milicias don Remigio Díaz.

De estos matrimonios habría de nacer, en cada caso, una hija: Mercedes de San Martín Escalada y Adela Morazán Lastiri.

III: BAJO LA BANDERA AZUL Y BLANCA...

San Martín y Morazán cumplieron sus campañas al amparo de los mismos colores.

1

La bandera azul y blanca a fajas horizontales se venía usando como insignia de los ejércitos revolucionarios del sur a partir de 1812, en que un Decreto del Primer Triunvirato —Gobierno Ejecutivo en el Río de la Plata— creó, a petición del General Manuel Belgrano, la escarapela argentina con esos colores. La Asamblea General Constituyente, que comenzó a sesionar al año siguiente, creó el escudo utilizando los mismos tonos y estableció que la insignia del Director Supremo de las Provincias Unidas "será una banda bicolor blanca al centro y azul a los costados". Las instrucciones que se entregan a los corsarios de Buenos Aires, conjuntamente con las cartas patentes, establecen en su artículo 39: "Si se trabare algún combate, se tremolará al tiempo de él el pabellón de las Provincias Unidas, a saber: blanco en su centro y celeste en sus extremos al largo". La existencia de esta norma explica la presencia de los colores argentinos en el Pacífico y Caribe a partir de 1815 y hasta 1821, en que se dejaron de otorgar patentes corsarias.

Proclamada la independencia de las Provincias Unidas el 9 de julio de 1816, el mismo Congreso de Tucumán sancionó el 24 de ese mes y año el uso oficial de tales colores como insignia nacional del nuevo Estado, al dar aprobación al proyecto del Diputado Serrano, que proponía: "Elevadas las Provincias Unidas de Sud América al rango de Nación, después de la declaración de la independencia, será su peculiar distintivo la bandera celeste y blanco de que se ha usado hasta el presente, y se usará en lo sucesivo exclusivamente en los ejércitos, buques y fortalezas, en clase de bandera menor, interín decretada al término de las presentes discusiones la forma de gobierno más conveniente al territorio, se fijen conforme a ella los jeroglíficos de la bandera nacional mayor". Una vez adoptada la forma republicana de gobierno, correspondió al Director Supremo, don Juan Martín de Pueyrredón, completar la obra de la Asamblea, proponiendo que un sol en el centro de la faja blanca distinguiera la de guerra o mayor. En la sesión celebrada por el Congreso, ya trasladado a Buenos Aires, el 25 de febrero de 1818, quedó sancionada definitivamente la bandera de los argentinos: "Que sirviendo para toda bandera nacional los dos colores blanco y azul en el modo y forma hasta ahora acostumbrados, sea distintivo peculiar de la bandera de guerra un sol pintado en medio de ella".

San Martín se encontraba en Mendoza, preparando el Ejército de los Andes, cuando recibió —el 18 de agosto de 1816— la comunicación oficial pasada a todos los comandantes con transcripción de la resolución del Congreso que declara "bandera de uso exclusivo en los ejércitos, la bandera celeste y blanco a fajas horizontales de que se ha usado hasta el presente". En la ciudad de Mendoza se conserva la llamada Bandera de los Andes, que tiene los dos colores en fajas perpendiculares, circunstancia que plantea no pocos problemas, ya que resultan inexplicables las causas capaces de decidir a San Martín a adoptar una bandera diferente a la sancionada por el Congreso de Tucumán.

La cuestión tiene solución adecuada si la referimos a la fecha probable de la confección de la Bandera de los Andes y al tiempo en que el Libertador tomó conocimiento de la decisión del Congreso. Las damas mendocinas confeccionaron la Bandera de los Andes en agosto y septiembre de 1816 y ya estaba terminada cuando llegó a Mendoza la comunicación del Gobierno relativa a la bandera celeste y blanca a fajas horizontales. A partir de ese momento, San Martín cumplió con el mandato oficial, y esa disposición tuvieron las otras tres banderas que aparecen citadas en el parque del Ejército de los Andes, lo que no impidió que conservara en su poder la bandera ricamente recamada en seda azul y blanca, confeccionada con tanto amor por el grupo de damas mendocinas, encabezado por su esposa.

Lo real es que en Chacabuco y Maipo el Ejército de los Andes se batió a la sombra de la bandera azul y blanca a fajas horizontales. Esos colores eran los mismos de su primer uniforme como cadete del Regimiento de Murcia y también los de la Orden de Carlos III, de la que eran caballeros no pocos criollos americanos, entre ellos el mismo

Pueyrredón, por lo que es bien fundado el sostener que ésta es la verdadera fuente inspiradora de la insignia bicolor que aparece en la época inicial de la revolución, cuando aún eran firmes los lazos que nos unían a la monarquía española.

2

Es verdaderamente singular que esos mismos colores vinieran a ser los de la bandera de Morazán, que libra sus batallas en el otro confín del continente. Ello no ocurre por mero capricho del azar, sino que —como lo hemos documentado en otro ensayo histórico titulado "La bandera argentina inspiradora de los pabellones centroamericanos", editado oficialmente por los Gobiernos de Honduras, Nicaragua y Argentina y más recientemente por la Editorial Universitaria Centroamericana con sede en San José de Costa Rica— el azul y blanco centroamericano deriva del azul y blanco argentino, no siendo difícil establecer esa lógica concatenación.

A poco de proclamada la independencia centroamericana el 15 de septiembre de 1821, ya estaba en marcha el plan de anexión a México que, a la postre, se decidió sin una adecuada consulta a los pueblos que integraban la antigua Capitanía General de Guatemala. No fueron pocos los que resistieron esa medida, sintiéndose defraudados en sus aspiraciones y con clara conciencia de que ella contrariaba el sentir de los Libertadores San Martín y Bolívar, cuyas gestas continentales eran conocidas y admiradas. Existen una carta de Bolívar a San Martín del 15 de noviembre de 1821 y una comunicación de San Martín, remitida en su carácter de Protector del Perú a los Ayuntamientos centroamericanos, el 19 de ese mismo mes y año, de las que resulta claramente la oposición de los Libertadores a la idea de Iturbide de anexar los pueblos centroamericanos a su flamante Imperio. La carta de San Martín conmina a mantener la independencia. Poco después de recibida en San Salvador, tiene lugar el estallido de la resistencia a la decisión anexionista, tomada en forma inconsulta en Guatemala.

La encabeza el fogoso Coronel Manuel José Arce, quien al iniciar la campaña mandó confeccionar una bandera azul y blanca a fajas horizontales, encargando esa delicada tarea a su esposa, doña Felipa

Aranzamendi, y a su hermana Antonia Manuela Arce. Ambas mujeres —dice el historiador salvadoreño Francisco Espinoza en su obra Símbolos Patrios, publicada oficialmente por el Ministerio de Educación de El Salvador— confeccionaron con seda blanca y celeste la bandera de la rebelión salvadoreña, que, desde Tegucigalpa, apoya Francisco Morazán en su primera intervención pública. Esa bandera fue jurada por los milicianos salvadoreños el 20 de febrero de 1822, después de escuchar misa de campaña, y con ella se batieron con éxito tanto en El Espinal, ante las tropas enviadas de Guatemala para reducirlos, al mando del Sargento Mayor Nicolás Abos Padilla, como en la propia ciudad de San Salvador, cuando fue atacada por las fuerzas comandadas por el Coronel Manuel Arzú. Desde México, Iturbide envió refuerzos para sofocar la resistencia, al mando del General Vicente Filísola, pero el efímero Imperio llegó a su fin antes de que se decidiera la campaña.

Al caer Iturbide, Filísola convocó el Congreso General Constituyente previsto en el acta de declaración de la independencia centroamericana, y esa Asamblea Nacional —por tantas razones memorables— sancionó la independencia definitiva de Centroamérica el 10 de julio de 1823. Arce fue elegido poco más tarde primer Presidente de la República Federal Centroamericana, y su bandera —confeccionada con los colores de San Martín y Belgrano— quedó consagrada como bandera oficial del nuevo Estado por resolución de la misma Asamblea dictada el 21 de agosto de 1823.

Este proceso explica por qué Morazán, que sucedió a Arce como Presidente de la República y fue después reelegido en ese cargo, gobernó y realizó sus campañas al amparo de los mismos colores que San Martín. También explica el porqué de la perdurabilidad de los colores azul y blanco en las banderas actuales de los cinco países centroamericanos en que quedó dividida la Federación a partir de mediados de 1838. Esos colores son el símbolo del unionismo centroamericano.

3

Las victorias sanmartinianas en Chile y El Perú ejercieron influencia en la independencia de los países del istmo. No sólo condujeron a la adopción de la divisa azul y blanca, sino que determinaron el que en 1822 la Municipalidad de San Salvador acordara solicitar su ayuda a San Martín, destacando una comisión que debía entrevistarlo en Lima, la que finalmente no cumplió su cometido por dificultades económicas. Ya hemos citado estos pormenores, así como que el corsario Luis Aury, que arbolaba en sus naves banderas argentinas, se dirigió a San Martín para proponerle atacar Panamá mediante un desembarco desde sus buques en la costa caribeña, simultáneamente con otro efectuado por la escuadra de Lord Cochrane sobre la costa del Pacífico. Suponía Aury que con la caída de Panamá acabaría el poder español en América, ya que éste era el último bastión de las comunicaciones entre los ejércitos españoles y la metrópoli y, al mismo tiempo, la última salida de productos americanos para Europa, pobre compensación si se la compara con el constante fluir de galeras y galeones en todo el curso de los dos siglos anteriores.

La propuesta de Luis Aury no llegó a poder del Libertador del Sur, que era su legítimo destinatario. Terminó en poder de Santander, que la conservó en su frondoso archivo después de enviarle copia a Bolívar, que reaccionó ásperamente ante esa tentativa de traer a zonas reservadas de la Gran Colombia en formación a los ejércitos libertadores del sur. Este curioso episodio explica en alguna forma el ánimo de Bolívar al concurrir a la histórica entrevista de Guayaquil y su resistencia a facilitar la ayuda que San Martín necesitaba para terminar la campaña peruana. San Martín, con su renunciamiento espartano —su más alto timbre de gloria—, cede el campo, permitiendo así que Bolívar concluya gloriosamente la gran epopeya continental en los campos de Junín y Ayacucho.

En la hora de la independencia centroamericana, la estrella de Bolívar no había alcanzado su cenit, cuando la de San Martín brillaba en todo su apogeo. Había proclamado la independencia del Perú el 28 de julio de 1821, apenas dos meses antes de la proclamación de la independencia centroamericana. No puede extrañar que Arce en 1822 y la Asamblea Constituyente en 1823, al elegir la divisa de la resistencia primero y del nuevo Estado después, adoptaran los colores azul y blanco que las empresas libertadoras de Bouchard, Aury y San Martín habían hecho queridos y admirados entre los patriotas centroamericanos.

4

Morazán luchó siempre al amparo de esa bandera, no sólo por ser el paladín del unionismo, sino por haber ocupado por dos veces el cargo de Presidente de la República Federal, que la tenía por símbolo nacional. Alguna vez se ha dicho que Morazán usó una bandera roja, para explicar en esta forma el origen de la divisa del Partido Liberal en algunos países centroamericanos. No hemos encontrado respaldo histórico para esta afirmación, pero cabe señalar que las fuerzas morazanistas, en ocasión de la batalla de San Pedro Perulapán, usaron un brazalete de ese color para distinguirse del enemigo. Al día siguiente —26 de septiembre de 1839— Morazán, en su carácter de Jefe Supremo de El Salvador, dictó una resolución autorizando a todos cuantos participaron en esa acción a usar ese distintivo en forma permanente. Este decreto no hubiera sido necesario de haber existido una divisa roja como símbolo oficial. Se trata de un reconocimiento a los vencedores, al que se agregó el otorgamiento de una gratificación que tuvo el mismo sentido de homenaje al valor demostrado en la acción. Por lo demás, en el curso de su última actuación pública en Costa Rica, el caudillo unionista restableció el uso de la bandera de la República Federal, que había sido derogada por un decreto del dictador Braulio Carrillo, resultandos terminantes las conclusiones que se derivan de este hecho definitivo.

IV: SOLDADOS DE LA FRANCMASONERÍA AMERICANA

El título de este capítulo podría ser seguido de una interrogante y de la confesión de que no estamos en condiciones de resolver el enigma que plantea. Es lógico que así sea, dado el carácter secreto de las logias masónicas que se formaron para luchar por la independencia de América y los juramentos que debían prestar los iniciados al incorporarse a sus cuadros. Nos limitamos a seguir, en uno u otro caso, las afirmaciones de los mejores biógrafos de San Martín y Morazán, transcribiendo conceptos de Mitre y Rojas para el primero y de Zúniga Huete y José Alcaine para el segundo.

1

Afirma Mitre que en los primeros años del siglo XIX habíase generalizado en España una vasta organización secreta con la denominación de Sociedad de Lautaro o Caballeros Racionales, vinculada con la sociedad matriz de Londres denominada Gran Reunión Americana, fundada por el General Francisco de Miranda. Su primer grado de iniciación era la promesa de trabajar por la independencia americana. En Cádiz residía un núcleo importante que hacia 1808 contaba con más de cuarenta afiliados, entre ellos algunos grandes de España, como el conde de Puño-en-rostro, amigo y corresponsal de Miranda. Los iniciados debían jurar "no reconocer por gobierno legítimo de las Américas sino aquél que fuese elegido por la libre y espontánea voluntad de los pueblos, y trabajar por la fundación del sistema republicano".

A esta asociación estaban afiliados San Martín y otros americanos ilustres, entre ellos Alvear, Carrera y Zapiola. Y más adelante agrega: La Logia de Lautaro se estableció en Buenos Aires a mediados de 1812, sobre la base ostensible de las logias masónicas reorganizadas, reclutándose en todos los partidos políticos y principalmente en el que dominaba la situación. La asociación tenía varios grados de iniciación y dos mecanismos excéntricos que se correspondían. En el primero los neófitos eran iniciados bajo el ritual de las logias masónicas que desde antes de la revolución se habían introducido en Buenos Aires y que existían desorganizadas a la llegada de San Martín y Alvear. Los grados siguientes eran de iniciación política en los propósitos generales. Detrás de esta decoración que velaba el gran motor oculto estaba la Logia matriz, desconocida aún para los iniciados en los primeros grados y en la cual residía la voluntad suprema. El objeto declarado de la Logia era "trabajar con sistema y plan en la independencia de la América y su felicidad, obrando con honor y procediendo con justicia". Sus miembros debían necesariamente ser americanos "distinguídos por la liberalidad de las ideas y por el fervor de su celo patriótico". Según su constitución, cuando alguno de los hermanos fuese elegido para el supremo gobierno del Estado, no podría tomar por sí resoluciones graves sin consulta de la Logia, salvo las deliberaciones del despacho ordinario.

Con sujeción a esta regla, el gobierno desempeñado por un hermano no podía nombrar por sí enviados diplomáticos, generales en jefe, gobernadores de provincia, jueces superiores, altos funcionarios eclesiásticos, ni jefes de cuerpos militares, ni castigar por su sola autoridad a ningún hermano. Era ley de la asociación el auxiliarse mutuamente y sostener a riesgo de la vida las determinaciones de la Logia. La revelación del secreto de la existencia de la Logia tenía "pena de muerte por los medios que se hallasen convenientes". Monteagudo, amigo y después ministro de San Martín, se constituyó en activo agente de la Logia, llevándole el concurso de la juventud que acaudillaba. San Martín creyó haber encontrado el punto de apoyo que necesitaba la política revolucionaria.

Se ha exagerado la influencia de la Logia Lautaro y se le han atribuido hechos que estaban en la naturaleza de las cosas y que sin ella se habrían producido igualmente. Tuvo defectos y fue corruptora como influencia administrativa, contrariando el individualismo de sus agentes para someterlos a una disciplina ciega.

La Logia Lautaro marcha por los países andinos asociada a los triunfos de San Martín y con él domina en Chile y se hace fuerte en el Perú. En Lima la integraron la mayoría de los jefes chilenos y argentinos que no tardaron en exigir a San Martín que asumiera el gobierno en aras de la seguridad común. Al someterse a esta exigencia —es siempre Mitre el que lo dice— escribía confidencialmente a O'Higgins (otro lautariano): "Los amigos me han obligado terminantemente a encargarme de este gobierno: he tenido que hacer el sacrificio, pues conozco que de no ser así, el país se envolvería en la anarquía". Esos "amigos" con poder para obligarlo son los miembros de la Logia Lautaro.

Otro problema es el de saber si la Logia Lautaro era una organización masónica o si simplemente, para su eficacia de asociación secreta, había tomado los ritos exteriores de aquélla.

Ricardo Rojas en El Santo de la Espada sostiene que no existe ningún documento para probar que San Martín haya sido masón, pero consta en muchos su amistad con masones y el conocimiento de las ideas masónicas. A continuación el mismo Rojas se contradice al publicar dos documentos de los que resulta el tratamiento de "hermano" dado y recibido por San Martín, en uno y otro caso: invocado ante él por quien creía tener derecho a hacerlo y usado en su correspondencia privada demasiado abundantemente, aunque limitado a la letra "h" con que habitualmente concluye sus cartas cuando se dirige a otro iniciado, al punto de merecer la reconvención del prudente Pueyrredón que en una suya le pide que suprima esa comprometedora "h" y la sustituya por un punto.

Agrega Rojas que aunque San Martín no fuese masón en el sentido oficial, estrictamente disciplinario, hay una vislumbre de los templarios en su obra militar y de los rosacruces en su conducta privada. En todo caso, no es posible negar la relación de todo ello con su época, con su ambiente y método de acción. La falta de documentos y el secreto absoluto que guardó San Martín sobre las logias que fundara en América hacen más misteriosa la figura de este guerrero ejemplar. Cuando el General Miller, para sus Memorias, le pide datos sobre la Logia Lautaro de Buenos Aires, San Martín —desde París, veinticinco años después de 1812— le contesta a su amigo que está en Inglaterra: "No creo conveniente que hable usted lo más mínimo de la Logia de Buenos Aires; estos son asuntos enteramente privados y aunque han tenido y tienen gran influencia en los acontecimientos de la revolución de aquella parte de América, no podrán manifestarse sin faltar por mi parte a los más sagrados compromisos".

2

Afirma Zúniga Huete que el General Morazán estuvo iniciado y enrolado en la francmasonería. El señor José Emilio Alcaine, grado 33, escribe en el Boletín Oficial del Supremo Consejo Masónico Centroamericano publicado en Guatemala en 1946: "A partir de 1830, hay noticias, aunque no documentadas, que existió un triángulo masónico presidido por el General Francisco Morazán y dos de sus ayudantes, los Generales Cabañas y Raoul. Morazán fue iniciado en Honduras y, debido a las ideas y principios masónicos tan profundamente arraigados en él, y a sus propias convicciones, pudo luchar toda su vida contra el oscurantismo predominante en aquella época, no sólo en Centroamérica, sino en todas las naciones americanas que batallaban por su independencia. Lucha cruenta contra el gran poder conservador político que fue el principio de su ruina. El Hermano Morazán, verdadero creyente de que toda grandeza se deriva sólo del Gran Arquitecto del Universo, supo cumplir fielmente con todos los sabios preceptos de la Orden Masónica y también fue intérprete fiel en el cumplimiento de los juramentos que prestó frente al Libro de la Ley al iniciarse".

Volvemos nuevamente a Zúniga Huete para transcribirlo cuando sostiene: "Don Dionisio de Herrera y el General Morazán, ambos ex jefes del Estado de Honduras, fueron iniciados en la francmasonería el año 1826, siendo los primeros hondureños de quienes se tiene memoria que hayan pertenecido a la expresada institución. El 20 de mayo de 1942, año centenario de su muerte, la Gran Logia de Honduras declaró a Morazán 'Benemérito de la masonería hondureña'. Este documento contiene ciertas referencias históricas que hacen de interés su lectura:

Decreto No 2.-La Gran Logia de Honduras, reunida en sesiones extraordinarias, considerando: que es un deber ineludible de la fraternidad masónica enaltecer la memoria de aquellos de sus miembros sobresalientes que supieron honrarla y dignificarla, tanto en su vida pública como privada; que el doctor Miguel Echarri, grado 33 y ex Gran Maestro del Gran Oriente Neogranadino, del Gran

Oriente de Colombia, fue expulsado de su país el año de 1826 por motivos de política interna, estableciéndose en Honduras, temporalmente, y aprovechando su permanencia en este país, inició en los augustos misterios de la masonería al General Francisco Morazán y a don Dionisio de Herrera, en aquella fecha Jefe del Estado de Honduras; que son concluyentes los documentos que obran en los Archivos Masónicos y Nacionales con los que se comprueba que el héroe máximo fue iniciado en la masonería hondureña, motivo por el cual don Dámaso Ugarte, alcalde entonces de Tegucigalpa, expidió un bando, declarando al General Morazán persona non grata, y ordenando su expulsión por ser masón y revolucionario; que el 14 de septiembre del presente año se conmemorará el primer centenario del fallecimiento de aquel patricio, siendo deber de la masonería hondureña participar en los actos de tan magno acontecimiento, dejando constancia para los tiempos venideros, de este hecho histórico que enlutó a la democracia Centroamericana y, especialmente, a la masonería universal. Por tanto, Decreta: 1º - Declarar al General Francisco Morazán, Benemérito de la Masonería hondureña; y 2º - Mandar colocar una placa conmemorativa, de mármol blanco, en la fachada del Templo Masónico del Oriente de Tegucigalpa, costeada por todas las Logias del Gran Oriente de Honduras, con la siguiente leyenda: Al General Francisco Morazán, Benemérito de la Masonería hondureña. Homenaje. 1842-1942'.

Esta resolución tuvo estricto cumplimiento.

3

En la época prerrevolucionaria las logias constituyeron organizaciones secretas que resultaron instrumentos idóneos para ser utilizados en las luchas contra los realistas. No había contradicción entre esta militancia y el catolicismo. San Martín y Morazán como gobernantes coincidieron en la defensa del culto católico, aunque resulte aventurado tratar de desentrañar la real motivación de sus actitudes.

Al redactar el Estatuto Provisional, primera carta constitucional del Perú, el Protector consagró como norma inicial el siguiente precepto: "La religión católica, apostólica romana es la religión del Estado: el gobierno reconoce como uno de sus primeros deberes el mantenerla y conservarla por todos los medios que estén al alcance de la prudencia humana. Cualquiera que ataque en público o privadamente sus dogmas y principios, será castigado con severidad a proporción del escándalo que hubiese dado".

Morazán, a su vez, al asumir la Presidencia de la República Federal el 16 de septiembre de 1830, declaró ante el Congreso: "Ofrezco sostener la Constitución Federal que he defendido como soldado y como ciudadano. Ella establece como una de sus bases la religión de Jesucristo. Esta ha triunfado del fanatismo que la desacreditaba y muchos de sus ministros que excitaban en su nombre a la matanza y a la destrucción han descubierto desde el lugar de su destierro, las miras criminales del tirano español a quien servían. La religión se presenta hoy con toda su pureza, y sus verdaderos enemigos que la tomaban en sus labios para desacreditarla, no la harán aparecer ya como instrumento de sus venganzas. Yo procuraré que se conserve intacta, y que proporcione a los centroamericanos los inmensos bienes que brinda a los que la profesan".

V: LOS TRIUNFOS MILITARES: LA EPOPEYA SANMARTINIANA

1

El Teniente Coronel de Caballería don José de San Martín, incorporado en el mismo mes de su llegada a Buenos Aires —marzo de 1812— a los ejércitos de la revolución, recibió la misión de organizar un regimiento de granaderos a caballo, dedicando a esa tarea todo su tiempo, capacidad y entusiasmo. Reclutó personalmente sus soldados; los enseñó y disciplinó, ocupándose de todos los detalles, vigilando sus alojamientos en los cuarteles del Retiro, viejos barracones que se levantaban no lejos del lugar donde hoy se dibuja el armonioso conjunto formado por los jardines de la plaza de su nombre y los mármoles y bronces de la estatua ecuestre que perpetúa su gloria.

En enero de 1813 se tuvo conocimiento en Buenos Aires de que una escuadrilla realista enviada por el Gobernador español de Montevideo, don Gaspar de Vigodet —extraordinario y mal estudiado personaje que habría de llegar a regente de España— remontaba el Paraná en dirección a Rosario. San Martín recibió la orden de obstaculizar cualquier tentativa de desembarco del enemigo, saliendo con 120 granaderos que siguieron por tierra la ruta que los españoles hacían por el río. Ya cerca de Rosario ocultó su tropa en el Convento de San Lorenzo, desde donde vigiló los movimientos de la escuadrilla que se aprestaba al desembarco. Dividió sus pocas fuerzas en dos alas y las lanzó a un ataque por sorpresa cuyo ímpetu fue tal que sus soldados se mezclaron con los realistas en singular combate.

El propio San Martín, muerto su caballo, rodó quedando aplastado por la bestia. Los granaderos provincianos Cabral y Baigorria lo salvaron de una muerte segura a costa de la vida del primero. Era el 3 de febrero de 1813 y el futuro paladín de América había legitimado en la acción sus galones europeos, obteniendo su primera victoria criolla.

Entretanto, la Logia Lautaro, fundada por Alvear, Zapiola y San Martín, ganaba la adhesión de importantes personajes de la época, entre ellos Castelli y Monteagudo, jóvenes licenciados graduados en Chuquisaca, al segundo de los cuales veremos cumplir larga trayectoria al lado de San Martín y llegar a Guatemala hacia fines de 1823, para asistir a los debates de la Asamblea Nacional Constituyente, oportunidad en que trabó amistad con los principales voceros de la tendencia liberal. Aquella sociedad secreta tuvo la organización característica de las logias masónicas, de las que tomó sus símbolos y normas de disciplina. El mismo fenómeno se dio en Centroamérica y los símbolos masónicos aparecen en los primeros escudos y banderas de la libertad.

El 8 de octubre de 1812, San Martín, la Logia y los Granaderos deciden la caída del Primer Triunvirato, prohijando un movimiento popular que llevó algunos miles de ciudadanos a la ya célebre Plaza de Mayo. El nuevo gobierno —Segundo Triunvirato— convocó la Asamblea General que se reunió en enero de 1813 bajo la presidencia de Carlos María de Alvear. A principios del año siguiente San Martín es designado para reemplazar a Belgrano —derrotado en Vilcapugio y Ayohuma— como jefe del Ejército del Norte. Se abrazó con Belgrano en la posta de Yatasto y dirigió a los soldados su primera proclama americana:

"Hijos valientes de la Patria: el gobierno acaba de confiarme el mando en jefe del Ejército: él se digna imponer sobre mis hombros el peso augusto de su defensa. Soldados: ¡Confianza! Yo admiro vuestros esfuerzos y quiero acompañaros en vuestros trabajos para tomar parte en vuestras glorias. Voy a hacer cuanto esté a mi alcance para que os sean menos sensibles los males. Vencedores de Tupiza, Piedras, Tucumán y Salta; renovemos tan victoriosos días. La patria está en peligro inminente de sucumbir. Vamos, pues, soldados, a salvarla".

Fue, como de ordinario lo sería siempre en circunstancias dramáticas, breve, elocuente, austero e inflamado de un lírico entusiasmo. Organizó aquel ejército vencido como antes había organizado los Granaderos a Caballo; como después organizaría en Cuyo el Ejército de los Andes. Dejó el cuidado de la frontera norte a manos de Martín Güemes, en cuanto comprendió que aquel no era el camino para batir a las fuerzas realistas del Perú. Desde entonces ya maduraba en su mente el cruce de los Andes y las campañas de Chile y el Perú.

Desgraciadamente, su quebrantada salud le hizo pedir licencia y dejar el Ejército del Norte para buscar alivio a sus males en el más apropiado clima de Córdoba. El Director Supremo, D. Gervasio Antonio Posadas, buen amigo suyo y de los Escalada, le escribió a Córdoba lamentando su enfermedad. En una de sus cartas se lee esta obsesionante repetición: "Sería un mal terrible el no hallar remedio para un mal que nos traería muchos males".

En realidad, no se halló el remedio y San Martín realizó con sus achaques toda la epopeya andina. El alivio del opio y su enorme fuerza de voluntad hicieron el milagro de tenerlo en pie siempre que fue necesario para el estricto desarrollo de su plan. En septiembre de 1814 el gobierno lo designó Gobernador de Cuyo, por lo que pasó a instalarse en Mendoza, al pie de los Andes que serían testigo de su mayor hazaña.

2

Mendoza significó su hora de felicidad. Su esposa vino de Buenos Aires y lo ayudó a conquistar la sociedad cuyana. No sólo gobernó la Provincia de Cuyo, sino que pudo dedicar todas sus fuerzas a preparar un ejército como siempre lo había soñado. San Martín, dice Rojas, se reveló un verdadero estadista en su reducido ambiente y un administrador ingenioso en su ínsula precaria: recurrió a contribuciones voluntarias y a empréstitos forzosos; suprimió la vagancia, el juego y el delito; creó los decuriones, que eran alcaldes de barrio, con amplias facultades para mantener el orden instituido por él. Con el objeto de procurar fondos al Estado, continúa su biógrafo, trazó un plan legalizado por el Cabildo, convertido en una especie de legislatura local. Vendió tierras públicas en almoneda; usó de los intereses pertenecientes a manos muertas; realizó los bienes de las temporalidades; secuestró el patrimonio de los prófugos; estableció un impuesto del 4 por mil sobre los capitales, previa declaración jurada individual; confiscó la herencia de los españoles que morían sin sucesión; destinó al servicio civil los diezmos eclesiásticos y los fondos para redención de cautivos; gravó los vinos y alcohol aplicando el producido a la guerra; mantuvo los impuestos de papel sellado, pulperías y multas; organizó las donaciones en especie o dinero y las contribuciones forzosas, pagadas por cuotas; dio, en fin, regularidad a la economía del Estado, mayor caudal a sus arcas y más certidumbre a sus cálculos financieros.

El trabajo enorme que asume personalmente lo agota y debilita y, como antes en Tucumán, un vómito de sangre lo postra en el lecho y el sufrimiento lo obliga a anestesiarse con nuevas dosis de opio.

Desde Mendoza tiene fija la mirada en el otro lado de los Andes, de donde llegan malas noticias. En Rancagua los chilenos han sido batidos por los españoles y huyen a través de los caminos de la cordillera buscando refugio en la tierra de San Martín, que recibe generosamente a los vencidos, entre ellos a O'Higgins, que sería su mejor amigo, y a Carrera, que sería su mayor enemigo. Una vez más la coincidencia anecdótica: un Carrera fue el sueño negro de San Martín; un Carrera sería el sueño negro de Morazán.

La caída de Santiago hizo más difícil su camino a Lima, pero le impuso un nuevo deber inmediato y decisivo: la reconquista de Chile, que debía ser el trampolín para dirigirse al Perú. De Europa llegan noticias sobre la restauración monárquica y la Santa Alianza formada a la caída de Napoleón. San Martín exige nuevos sacrificios a sus gobernados y las damas mendocinas, encabezadas por su esposa, ofrecen sus joyas a la patria. En Buenos Aires una revolución barre con Alvear, que ha reemplazado a Posadas, y las fuerzas armadas se pronuncian por la organización de un gobierno nacional. San Martín desde Cuyo prohíja la idea y envía diputados a Tucumán con instrucciones de favorecer la declaración de la independencia, para no continuar siendo considerados como vasallos rebeldes de la monarquía española. La independencia es finalmente declarada el 9 de julio de 1816 y el 16 de ese mismo mes San Martín se entrevista en Córdoba con el nuevo Director Supremo, don Juan Martín de Pueyrredón, elegido con el apoyo decidido de los diputados de Cuyo, al que expone su plan de pasar la cordillera y del que obtiene la promesa de amplio apoyo por parte del gobierno central.

Al empezar el año 1817, el ejército levantado por San Martín en Mendoza contaba con 5.000 hombres, entre los cuales había 700 granaderos a caballo. Los chilenos emigrados, con O'Higgins al frente, se incorporaron en masa, acariciando la esperanza de entrar a paso de vencedores en su patria reconquistada y vengar la derrota de Rancagua.

3

El paso de los Andes con un ejército de 5.000 hombres, su caballería, —1.600 caballos y 10.000 mulas—, cañones, tiendas de campaña y demás pertrechos, es una hazaña que sólo el espíritu previsor y disciplinado de San Martín pudo planear y realizar. El 11 de febrero, el ejército expedicionario está frente a la Hacienda de Chacabuco, donde los españoles han decidido interceptarle el paso. San Martín, ahora de 39 años, va a dar su primera gran batalla como Capitán General. Contempla el llano donde espera el adversario y decide el plan de combate: amenazar por el frente, mientras el ataque real se va a efectuar por los dos flancos, en maniobra envolvente y previendo cortar la retirada al ejército enemigo cuyos pasos, después de la eventual derrota, intenta calcular de antemano. Soler y O'Higgins son encargados del ataque bilateral. Todo ocurre según sus previsiones y el triunfo es completo y termina con la disolución total del ejército realista, que deja 500 muertos y más de 600 prisioneros. Era el 12 de febrero de 1817.

O'Higgins fue designado Director Supremo de Chile y en su primer manifiesto a las naciones extranjeras comienza diciendo: "El Reino de Chile ha sido restaurado por las armas de las Provincias Unidas del Río de la Plata bajo las órdenes del General San Martín". Reconocimiento claro, expreso, sin retaceos, del significado que tiene para la independencia de su país la expedición libertadora preparada al otro lado de los Andes. San Martín rechazó el mando político que se le ofreció después de Chacabuco, pero retuvo el mando militar, ya con la idea de organizar el Ejército Unido argentino-chileno que debía liberar al Perú. Otra vez la febril actividad, semejante a la ya cumplida en Mendoza. Organizó la filial de la Logia Lautaro en Santiago; mandó construir campamentos permanentes para sus soldados; creó de la nada un arsenal y comenzó el reclutamiento de nuevos milicianos. Chile debía dar los marinos necesarios para que fuera posible el transporte por mar del Ejército Unido hasta las costas peruanas.

En Buenos Aires y en Mendoza fue recibido con todos los honores: el gobierno decretó su ascenso a Brigadier General; damas porteñas colocaron una corona en su cabeza. Rechazó el ascenso y fue rápido en su gesto al quitarse la corona. Era ya el héroe de los renunciamientos generosos que desconcertaron a sus contemporáneos y admiran todavía a la posteridad.

Sus afanes se orientaron a la preparación de la escuadra. Ya Brown y Bouchard, con sus buques corsarios, recorrían la costa del Pacífico llegando hasta puertos de la lejana Colombia. San Martín quería un mar dominado por las naves patriotas. Al argentino Blanco Encalada, oficial de marina, le confió la organización de la primera escuadra chilena, formada por el bergantín Águila, que tomó el nombre de Pueyrredón, la fragata Lautaro, la corbeta Chacabuco y el bergantín Columbus, comprado a los Estados Unidos y designado con el nombre bien chileno de Araucano. La flamante escuadrilla salió a recorrer la costa sur de Chile, amenazada por naves españolas, y tomó al abordaje la fragata María Isabel para conducirla como presa al puerto de Valparaíso, donde quedó incorporada a la escuadra con el nombre de O'Higgins. San Martín, en sus repetidos viajes a Buenos Aires, gestionó la compra de otras naves en Londres y en los Estados Unidos. Así llegó el Cumberland, adquirido en Inglaterra por el Gobierno de Pueyrredón. Fue bautizado con el nombre de San Martín. A su bordo viajaría el héroe en el momento de la expedición al Perú.

En Lima los españoles no estaban inactivos y soñaban con la reconquista de Chile. El virrey Pezuela contaba con 5.000 soldados que puso a las órdenes del General Osorio, que a fines de 1817 desembarcó en el puerto chileno de Talcahuano, todavía en manos de los españoles. Ante la amenaza, San Martín y O'Higgins multiplicaron su acción y se decidieron por la proclamación solemne de la independencia de Chile, que tuvo lugar el 12 de febrero de 1818, al cumplirse el primer aniversario del triunfo de Chacabuco. Al mismo tiempo, hay que salir a afrontar las fuerzas expedicionarias de Osorio y Primo de Rivera que amenazaban marchar sobre la capital. El primer encuentro es un desastre para el Ejército Unido, sorprendido en Cancha Rayada en la noche del 19 de marzo de 1818. El pánico y la dispersión siguieron a la sorpresa y la derrota, y toda la obra de San Martín y O'Higgins pareció concluir en una sola jornada. Pocos días después, salvada del desastre la división de Las Heras, San Martín y O'Higgins entraban en Santiago y, con toda premura, se dedicaban a reorganizar las fuerzas patriotas. Mientras tanto, Osorio, a paso de vencedor, avanzaba sobre la capital chilena.

Maipú es el nombre del nuevo y definitivo enfrentamiento. Tiene lugar apenas una quincena después de Cancha Rayada. En esa batalla el genio militar de San Martín brilló en todo su esplendor. No perdonó error del enemigo para elegir el campo de combate que más le convenía; para emplazar con acierto su artillería; para decidir con oportunidad las cargas de caballería que trajeron la victoria. A la tarde de ese 5 de abril histórico para Chile y para América, San Martín escribía a O'Higgins, que, herido en Cancha Rayada, había debido permanecer en Santiago, el siguiente parte de guerra: "Acabamos de ganar completamente la acción. Nuestra caballería los persigue hasta concluirlos. La Patria es libre". O'Higgins, impaciente, no esperaba en Santiago, sino que ya cabalgaba hacia el campo de batalla, adonde llegó cuando todavía se combatía, para abrazarse con el General vencedor al que saluda con grito generoso: ¡Gloria al Libertador de Chile!

La batalla de Maipú es la más cruenta de todas las libradas en la guerra de la independencia americana. Hubo mil muertos por cada lado, pero no por ello la victoria dejó de ser completa, y extraordinario el saldo obtenido: un general, cuatro coroneles, siete tenientes coroneles, ciento cincuenta oficiales y dos mil doscientos soldados prisioneros, unidos a las banderas, cañones, 3.850 fusiles y el equipo y las municiones del vencido, son cifras que dan idea clara de los logros de aquella victoria que costó tanta sangre valerosa.

Desde ese momento San Martín sólo piensa en la expedición al Perú. Repasa los Andes y llega a Buenos Aires en busca de los fondos necesarios, que obtiene bajo amenaza de renunciar a la jefatura del Ejército Unido. Apoya la designación de Lord Cochrane como Almirante de la Escuadra chilena-argentina y aprueba la contratación en Buenos Aires de marinos de todas las nacionalidades, capaces de hacer factible la gran expedición que organizaba. A principios de 1819 esos preparativos estaban casi terminados cuando puso en posesión de su cargo a Lord Cochrane, dejando en segundo término al argentino Blanco Encalada, que había sido el principal jefe naval hasta ese momento. Comenzó la acción en el mar, y las dos expediciones de Cochrane en ese año 1819 demostraron a los realistas que habían perdido el dominio del Pacífico. Ese fue el resultado de la perseverante acción de San Martín para crear la escuadra aliada.

La anarquía desatada en las provincias argentinas estuvo a punto de malograr la empresa. Pueyrredón ordenó que el Ejército de los Andes —4.800 soldados argentinos— repasara la cordillera y bajara a defender al país del desorden y la montonera. San Martín pasó los Andes con 2.000 soldados y en Mendoza vaciló acerca de su deber, terminando por presentar su renuncia. El apoyo de O'Higgins, que se decidió por la expedición al Perú con San Martín al frente, reconforta su espíritu pero no su cuerpo cada vez más doliente y maltratado. En camilla vuelve a Chile, donde lo sorprende la noticia de la caída del gobierno central en Buenos Aires, del que emana su propia autoridad. Ante esa circunstancia, renuncia al mando ante los oficiales de su estado mayor que, en solemne reunión realizada en el campamento de Rancagua, lo confirman como General en Jefe de la expedición en vísperas de partir. Entonces —él lo dice en frase profética en el célebre manifiesto de la desobediencia— "Ha llegado el momento en que debo seguir el destino que me llama: voy a emprender la grande obra de dar libertad al Perú". En agosto de 1820 la gran expedición se ponía en marcha.

4

La armada libertadora salió de Valparaíso el 20 de agosto de 1820, con cerca de cinco mil soldados y armas para los peruanos cuyo apoyo se descontaba. El 7 de septiembre la escuadra formada por los buques: San Martín, O'Higgins, Independencia, Araucano, Pueyrredón, Lautaro, Galvarino y Moctezuma, además de los transportes, entre los cuales se contaba la famosa carabela La Argentina que, al mando de Hipólito Bouchard, había realizado el histórico periplo de los años 1817 a 1819, entraba en la bahía de Paracas para iniciar de inmediato el desembarco. Tres batallones de mil soldados cada uno, al mando de Las Heras, se instalan en Pisco donde levantan el primer campamento patriota. Desde ahí San Martín habló por primera vez a los peruanos y el 24 de octubre firmó el decreto que creaba la bandera y el escudo del Perú. Una división, que al mando de Arenales despachó para el interior, obtuvo la victoria de Pasco.

Vino después la sublevación del batallón Numancia que se pasó a los patriotas y la caída del absolutista Pezuela, reemplazado por el liberal General La Serna, con el que San Martín no tardó en concertar una entrevista que se realizó el 2 de junio de 1821, planteando la guerra como una lucha entre dos sistemas: el absolutismo declinante en España con el restablecimiento de la Constitución de Cádiz, y el liberalismo que defendía el mismo La Serna, que era de los responsables de haber impuesto al Rey aquella transacción. Desgraciadamente, las conversaciones de Punchauca no dieron resultado y las enfermedades y falta de recursos diezmaron y desmoralizaron al ejército libertador. Sólo el genio de San Martín pudo mantener esa campaña, sitiando a Lima, bloqueando El Callao y socavando al enemigo con agentes secretos y espías. Finalmente, el Virrey buscó refugio en el puerto del Callao, delegando el mando en el Marqués de Montemira. El Cabildo estimó que sólo la entrada de San Martín podría impedir males mayores a la capital y el jefe expedicionario, sin haber librado ninguna batalla frontal, hizo su entrada en la Ciudad de los Reyes el 9 de julio de 1821. De inmediato, aclamado por el pueblo, dispuso la jura de la independencia, acto solemne que tuvo lugar el día 28. San Martín anunció entonces el próximo fin de su vida pública, pero fue obligado a asumir el Gobierno con el título de Protector del Perú, cargo que debió aceptar por la sencilla razón de que la guerra estaba lejos de haber terminado. Los realistas tenían 12.000 hombres bajo las armas y El Callao y las sierras estaban en sus manos.

Una de las primeras medidas sanmartinianas fue mandar destruir los bustos del Rey y los emblemas monárquicos. Lo mismo había ordenado la Asamblea del año 13 en Buenos Aires y lo mismo ordenaría tres años más tarde la Asamblea General Constituyente de Centroamérica, reunida en Guatemala. Esos tres actos semejantes, realizados en escenarios tan distantes, tienen un común denominador: la presencia de Bernardo de Monteagudo, espíritu exaltado, que fue miembro de la Asamblea del año 13, Ministro de San Martín en Lima y estuvo presente en Guatemala hacia fines de 1823, asistiendo a las reuniones de la célebre Asamblea Centroamericana en la que hizo amistad con Pedro Molina, Francisco Barrundia y otros conspicuos miembros del partido liberal.

El temido contraataque español no pasó de una embestida del General Canterac, que terminó por retirarse sin dar el asalto a la plaza defendida por las fuerzas de San Martín. Esto desmoralizó a los españoles fortificados en El Callao que, a su vez, pactaron la rendición, entregando sus armas y municiones. San Martín había terminado la campaña entrando en Lima, proclamando la independencia, rindiendo El Callao y diezmando al ejército español, sin haber librado una sola batalla frontal que hubiera podido comprometer el destino final de toda la empresa.

Con este triunfo resonante prácticamente se cierra la vida militar de San Martín.

VI: LOS TRIUNFOS MILITARES: LA CRUZADA MORAZÁNICA

1

Morazán, hacia la hora inicial de la revolución emancipadora, no era ni militar ni político, y cuando se dispuso a participar en la lucha no lo hizo por ambición de gloria o poder, sino por el convencimiento de ser útil a su patria. Para valorar su cruzada libertadora es necesario comenzar por comprender las vacilaciones y limitaciones de la revolución centroamericana, concretada en Guatemala el 15 de septiembre de 1821 con la proclamación de la independencia; copada de inmediato por los propios españoles que ejercieron el poder bajo la colonia; luego por los partidarios de Agustín de Iturbide, que se había proclamado Emperador de México y que también era español; más tarde —después de la segunda proclamación de independencia absoluta— en manos de conservadores y clericales partidarios del mantenimiento de las viejas estructuras de poder e, incluso, de los antiguos privilegios aristocráticos.

Cuando en 1821, en Lima primero y en Guatemala después, se produce el acontecimiento trascendental de la independencia —ambos sesquicentenarios se celebrarán en este año—, no había en toda América dos capitales más afines por su apego a la política de casta y su entrega al manejo de una oligarquía orgullosa de su condición y firme en su propósito de quedar al margen de las nuevas ideas. San Martín y Morazán tuvieron que enfrentar el mismo enemigo: una clase social impermeable a la transformación que, desde 1810, conmovía el continente, a la que era necesario debilitar sembrando los principios independentistas en las clases sometidas o vencer por la fuerza inapelable de las armas.

Morazán inició su cruzada libertadora al ver traicionada la revolución por los conservadores de Guatemala, para quienes nada había cambiado sino el nombre del país. Levantó como bandera el respeto de los principios federales y la voluntad de los pueblos libremente expresada en la Constitución de 1824, conculcados por la oligarquía colonial que había conquistado para sus filas el brazo fuerte y decidido de Manuel José Arce, algunos años antes héroe de la resistencia contra la anexión al imperio mexicano. A través del primer Presidente de la República, los antiguos privilegios y el ejercicio del poder centralizado y arbitrario alcanzaron mayor desarrollo que en la colonia. El pueblo veía cómo la revolución se frustraba y no se observaba diferencia entre el régimen anteriormente imperante y el nuevo, que lo había reemplazado sin destruirlo. El último gobernante español había sido el primero bajo la separación, para documentar históricamente el continuismo de dos sistemas que se habían sucedido en el más perfecto orden.

Hubo patriotas de visión más amplia que soñaron con la independencia total y el fin del gobierno de clases.

2

Morazán se contó entre ellos, oponiéndose a la anexión a México primero y transformándose en el soldado de la libertad después. Fue contrario a todas las tentativas de España para recuperar el poder, no solamente en Centro América —como en oportunidad de la sublevación de la Costa Norte alentada desde la españolísima Cuba—, sino también cuando la flota del Almirante Laborde echó anclas en Tampico para desembarcar la expedición de Isidoro Barradas, que intentaba la reconquista de México. Las ideas de Morazán fueron igualmente claras en las dos ocasiones y hubo la misma decisión en su actitud: sus ejércitos sofocaron la rebelión reaccionaria del español Guzmán y el criollo Domínguez y, como primer mandatario de Centro América, no vaciló en ofrecer al gobierno de México los recursos que podía dar su patria empobrecida por las luchas intestinas, pero de pie cuando se trataba de defender la independencia americana.

La cruzada morazánica tuvo por objeto la efectiva liberación centroamericana y el cumplimiento de los principios generosos consagrados en la Constitución de 1824. Puso fin real al gobierno colonial y clasista de la época española, que intentó perdurar aliado a la oligarquía guatemalteca, como intentó perdurar en Lima aliado a la oligarquía peruana. San Martín, para lograr sus objetivos, debió liberar primero a Chile y lo hizo en los campos de batalla de Chacabuco y Maipú, construyendo en seguida el Ejército Unido argentino-chileno con el que llegó en triunfo hasta la Plaza Central de Lima. Morazán, para la conquista de la capital virreinal, debió liberar primero a El Salvador y lo hizo con los triunfos de Gualcho y San Antonio, construyendo en seguida el Ejército Unido hondureño-salvadoreño, con el que llegó en triunfo hasta la Plaza Central de Guatemala.

Por sus principios y aspiraciones, dice Zúniga Huete de Morazán, por su abnegación y sacrificio heroico, por la austeridad de su vida y sus empeños por el bienestar de sus conciudadanos, es de la misma categoría histórica de Lincoln y de Sucre, de San Martín y Morelos, de O'Higgins y Juárez. Ya sea considerado como magistrado en el dosel presidencial de Centro América, como general en el campo de batalla, como paradigma de honestidad y rectitud ciudadana, o como mártir de la injusticia, su gallarda figura no desluce, sino que brilla con resplandores de astro de primera magnitud en la constelación de los altos y nobles espíritus del continente americano. La misma frase, cambiando el nombre de los próceres, puede ser aplicada a San Martín.

Morazán inició su campaña defendiendo en su patria chica el gobierno liberal de Dionisio de Herrera, del cual era secretario general. Ambos firmaron la primera Constitución del Estado de Honduras promulgada el 11 de diciembre de 1825, en concordancia con los principios de la Constitución Federal de 1824. Como consecuencia de esa Carta Fundamental se creó el Consejo Representativo del Estado, del cual el mismo Morazán fue Consejero Propietario, pasando en seguida a ser designado Presidente del Consejo. Esa función le daba derecho a reemplazar a Herrera en caso de ausencia, tal como ocurrió el 26 de noviembre de 1827, en que Morazán se encontró por primera vez al frente del Estado de Honduras.

Mientras tanto, en Guatemala siguieron las intrigas para transformar en unitaria la Constitución Federal y lograr que Arce centralizara todo el poder en sus manos, terminando con las instituciones que, al asumir el gobierno el 29 de abril de 1825, había jurado respetar. El 5 de septiembre de 1826 depuso al Jefe del Estado de Guatemala, ciudadano Juan Barrundia, hermano del tribuno José Francisco Barrundia, líder del partido liberal en el Congreso General

Constituyente. El primer mandatario del Estado fue encarcelado y el vicepresidente Cirilo Flores debió huir. Al mismo tiempo, Arce inició su campaña contra el Presidente de El Salvador, Mariano Prado, y contra el Presidente de Honduras, Dionisio de Herrera. El cura José Nicolás Irías intentó fomentar un levantamiento contra Herrera, al que excomulgó.

Por su parte, el mismo Arce sostuvo que Herrera pretendía apoderarse de unos depósitos de tabaco del gobierno federal y despachó al Teniente Coronel José Justo Milla, que avanzó sobre Copán y Comayagua al frente de quinientos soldados y puso sitio a la capital hondureña, a la que finalmente tomó, saqueó y en parte destruyó. Morazán, que estaba entre los sitiados, comprendió que la ciudad no resistiría y se dirigió a Tegucigalpa, donde organizó una columna de trescientos hombres con los que intentó socorrerla, sin poder evitar la capitulación que terminó con la prisión de Herrera, que fue remitido a Guatemala. El mismo Morazán sufrió una breve prisión en Ojojona, de donde se evadió para pasar primero a La Unión y desde allí a Nicaragua. Mientras tanto, Milla entraba en Tegucigalpa y amenazaba a San Miguel y la capital salvadoreña, desde donde salieron fuerzas para resistir su avance, aunque nada lograron sino dispersarse e incorporarse después a las tropas que Morazán organizaba en Choluteca para intentar la reconquista.

Al conocer estos preparativos, Milla, que se había hecho fuerte en Tegucigalpa, salió al encuentro de las fuerzas liberales, pero resultó derrotado en los campos de La Trinidad, cerca de Sabanagrande, a unos treinta kilómetros de la actual capital hondureña. Era el 11 de noviembre de 1827. El 26, Morazán entraba en Comayagua, reuniendo el Consejo Representativo del que era presidente. Ese cuerpo lo designó Jefe del Estado, nombrando a Diego Vigil Vicejefe provisional. Había hecho su primera campaña a los 34 años de edad, igual que San Martín, que a esa misma edad organizaba los granaderos, triunfaba en San Lorenzo y participaba en la instalación de un nuevo gobierno en Buenos Aires. La Trinidad y San Lorenzo, primeros triunfos militares de uno y otro, son equivalentes en importancia y más que nada por la gravitación y prestigio que dan a los jefes triunfantes.

Morazán como Presidente de Honduras significó la vindicación del régimen constitucional quebrado por la invasión de Milla dirigida por el partido servil de Guatemala. Significó también la pacificación de Honduras, ya que no tardó en extender su autoridad a San Pedro Sula y los puertos de la Costa Norte, obligando al General Zelaya, Jefe de Estado designado por Milla, a abandonar el país y dirigirse a Guatemala. Significó también la creación del Ejército Nacional hondureño, ya que su primera preocupación fue organizar tropas bien disciplinadas para acudir en auxilio del gobierno legítimo de El Salvador, cuya estabilidad amenazaban las mismas fuerzas reaccionarias que habían acabado en Honduras con el gobierno de Dionisio de Herrera.

Para ese entonces ya se delineaban en Centroamérica dos corrientes ideológicas en franca pugna. Las define Zúniga en la siguiente frase: Los liberales eran los hijos del pueblo, manumitidos de trescientos años de opresión que llevaban encima, románticos, idealistas, amigos de las libertades públicas, de los derechos humanos y admiradores entusiastas del progresista régimen de la joven República de los Estados Unidos de Norteamérica, se pronunciaron fervorosamente, y no con mucho examen, por el sistema federalista. Los conservadores o serviles, con pujos y preocupaciones de nobleza de sangre, fanáticos y rezagados, acostumbrados al régimen autoritario, despótico, esclavizante, sostenedor de privilegios de casta, exorcistas y medioevales que imperaron durante el coloniaje, avezados en la restricción de las libertades ciudadanas, en la intolerancia religiosa e imbuidos en prejuicios de discriminación racial, se constituyeron en paladines del gobierno centralista y unitario, católico y restrictivo.

La primera partida jugada en el seno de la Asamblea General Constituyente resultó favorable a la tendencia liberal, pero a través del cambio de frente de Manuel José Arce, los dueños de la situación fueron los conservadores. La deposición de Barrundia en Guatemala, la de Herrera en Honduras; el jaque permanente a Prado en San Salvador y la lucha entre Argüello y de La Cerna desatada en Nicaragua, son etapas del enfrentamiento decisivo entre las dos tendencias. Morazán es el caudillo que llevará hasta Guatemala las ideas liberales, para terminar con el oscurantismo colonial que perduraba a través del gobierno conservador.

El jefe hondureño estaba listo para entrar en campaña a principios de 1828, cuando la situación de los defensores de San Salvador se hacía insostenible después de las derrotas infligidas al General Rafael Merino por las tropas guatemaltecas al mando del General Manuel Arzú y del Coronel Vicente Domínguez. El 4 de junio, Morazán instaló su cuartel en Choluteca y se preparó para invadir El Salvador. El 25 de junio ya estaba cerca de San Miguel, el más importante centro en el camino a la capital sitiada, y el 6 de julio se enfrentó con las fuerzas del Coronel Domínguez, que trataron de impedirle el paso en las cercanías de la hacienda de Gualcho. También San Martín afrontó el ser interceptado, cuando se dirigía a Santiago, frente a una hacienda que dio nombre a la batalla: Chacabuco.

En ambos casos la victoria fue total y terminó con la captura de muchos prisioneros, aunque los principales jefes huyeron hacia puertos vecinos: Osorio hacia Rancagua, para pasar de ahí a Lima, y Domínguez hacia La Unión, para pasar de ahí a Guatemala. La batalla de Chacabuco hizo brillar en toda su magnitud el genio estratégico de San Martín; la de Gualcho es la primera gran victoria de Morazán, obtenida en inferioridad numérica contra un ejército hasta ese momento victorioso. Chacabuco abre a San Martín el camino de Santiago y Gualcho a Morazán el de San Salvador. Desde esas capitales, el primero se proyectará sobre Lima con el Ejército Unido argentino-chileno, y el segundo sobre Guatemala con el Ejército Unido hondureño-salvadoreño. Como San Martín después de Chacabuco volvió a Buenos Aires en busca de refuerzos para continuar la campaña, así Morazán volvió a Tegucigalpa y el 2 de septiembre estaba de nuevo en la lucha al frente de 600 soldados, al mismo tiempo que hacía salir de Comayagua otros 400 al mando del Coronel José Antonio Márquez. Con esas tropas, a las que se unieron las que habían quedado en el camino para cubrir la retaguardia, dio batalla al General Manuel Arzú, principal jefe de las fuerzas conservadoras, en el llano de La Pava, el 8 de octubre de 1828. Morazán capturó la Hacienda de San Antonio de Gualcho y obtuvo posiciones estratégicas superiores al adversario.

Durante la noche rodeó las tropas enemigas y al día siguiente obtenía la capitulación del Teniente Coronel Antonio Aycinena, de la más rancia aristocracia guatemalteca, que había quedado al mando de las fuerzas serviles.

4

Vencedor en San Antonio, el camino a San Salvador quedó expedito y Morazán hizo su entrada en medio del entusiasmo popular, pensando ya en la campaña sobre Guatemala. Después de Chacabuco, San Martín había hecho una entrada análoga en Santiago de Chile, pensando en la campaña sobre Lima.

Cuando uno y otro preparaban la etapa culminante de sus respectivas empresas, el frente interno en las capitales de donde emanaba su autoridad y principales recursos se resquebrajó como consecuencia de luchas intestinas, capaces de distraer a los libertadores de sus magnos objetivos.

San Martín se decidió por la desobediencia cuando el llamado del gobierno de Buenos Aires comprometió la continuación de su empresa continental. En esa oportunidad dijo a sus compatriotas: "Quiero deciros algunas verdades que sentiría que acabárais de conocer por experiencia"; "vuestra situación no admite disimulo; diez años de constante sacrificio sirven hoy de trofeo a la anarquía; la gloria de haberlos hechos es un pesar cuando se considera sus pocos frutos"; "Compatriotas: Yo os hablo con la franqueza de un soldado: si dóciles a la experiencia de diez años de conflictos, no dáis a vuestros deseos una dirección más prudente, temo que cansados de la anarquía, suspiréis al fin por la opresión y recibáis el yugo del primer aventurero feliz que se presente, quien lejos de fijar vuestro destino no hará sino prolongar vuestra servidumbre".

Morazán, en parecida circunstancia, dijo a sus compatriotas: "Cuando a la vista sólo del ejército de El Salvador y Honduras, todas las fuerzas enemigas han pedido rendidamente la paz, que se les ha concedido con bastante generosidad, vosotros provocáis una nueva guerra"; "Calculad el número de males que va a producir vuestra resistencia y desistid de semejantes proyectos: examinad el delito que comete un pueblo sustrayéndose a la obediencia de la legítima autoridad y volved a poneros bajo su protección".

En ambos documentos campea igual respeto a la autoridad constituida; el llamado a la cordura; la profecía de males mayores que desgraciadamente no pudieron ser evitados; el mismo desinterés personal. En fin, los párrafos podrían ser intercambiados sin que se notara la diferencia.

La rebelión olanchana siguió por largo tiempo, ya que el caudillo preparaba sus armas para hazañas mayores; la anarquía argentina se prolongó por años hasta que apareció el aventurero feliz, profetizado en el manifiesto sanmartiniano, que le puso fin conculcando las libertades por cuya conquista se había hecho la revolución.

Morazán, con sus fuerzas hondureñas, y Prado, con las salvadoreñas que puso a las órdenes de aquél, organizaron el Ejército Aliado Protector de la Ley. A principios de 1829, Morazán se encontraba en la Villa de Ahuachapán cuando ya Arce era despojado del mando supremo y se refugiaba en Santa Ana. Los guatemaltecos de La Antigua, bajo la dirección de Sebastián Morales, se pronunciaron por Morazán, desconociendo el gobierno central ultraconservador presidido por Mariano Aycinena, que había reemplazado a Arce y que, entre otras medidas capaces de documentar ante la historia su oscurantismo, ordenó quemar todos los libros que no fueran del agrado del Arzobispo Ramón Casaus y Torres. Conviene recordar estos sucesos porque cuando Morazán conquista la capital, ordenará la expulsión de ese Arzobispo, imitando una vez más, seguramente sin saberlo, lo hecho por San Martín a poco de la conquista de Lima, cuando dispuso la expulsión del Arzobispo Las Heras, dándole 24 horas para abandonar el país.

En febrero de 1829, al mando de un ejército preparado conforme a sus normas de obediencia y disciplina y fuerte de dos mil hombres, Morazán abrió la campaña sobre Guatemala disponiendo que la mitad de esas fuerzas, al mando del General Juan Prem, avanzaran hasta situarse en los campos de El Aceituno, a sólo cuatro kilómetros de la capital federal. El plan iniciado por Prem fue terminado por el Coronel Enrique Terrelonge por enfermedad de aquél. Por su parte, el mismo Morazán estableció su cuartel general en Pinula, a cinco kilómetros de la capital, cuyo sitio quedó formalmente establecido. El Coronel Cayetano de la Cerda fue encargado de establecer contacto con los rebeldes de La Antigua, pero, sorprendido en Mixco por el

Coronel español Ramón Pacheco, al servicio de los conservadores guatemaltecos, fue derrotado, comprometiéndose la suerte de la campaña. El vencedor no sacó provecho de esa sorpresa, volviendo a encerrarse en la capital sitiada, donde habían comenzado las deserciones y la huida de los enemigos del régimen de Aycinena, que robustecieron las huestes de Morazán, en ocasiones con aportes tan valiosos como los del General Isidoro Saget y del Coronel Nicolás Raoul, ambos de origen francés y, a partir de ese momento, junto con Cabañas, los mejores y más fieles soldados de Morazán.

El 5 de marzo de 1829 Morazán fue electo Jefe del Estado de Honduras y al día siguiente sus tropas obtenían el triunfo de San Miguelito al mando del Coronel Terrelonge, que en esta forma cobraba desquite sobre las fuerzas de Ramón Pacheco. Morazán se trasladó a Mixco y en esa villa recibió proposiciones de paz iniciadas por el Ministro de los Países Bajos, General Verveer, con el consentimiento de Aycinena. Hubo una conferencia de Ballesteros, en la que participaron: Pavón por el gobierno de Guatemala; Arbeu como representante personal de Aycinena; el General Espinosa por el gobierno de El Salvador y el propio Morazán, en representación de Honduras y Nicaragua.

La oferta de Morazán fue generosa, como todas las suyas, ya que conociendo la debilidad de la plaza sitiada no vaciló, sin embargo, en proponer la formación de un gobierno provisorio integrado por el mismo Aycinena, Prado y él; la reducción de ambos ejércitos a mil hombres y el olvido general del pasado. Grande fue su sorpresa —así lo expresa en sus Memorias— cuando vio rechazada su propuesta. La inmediata victoria de Las Charcas y la toma de Buenavista, Garita del Golfo y el Cerro del Carmen prepararon el asalto final a la capital, que se produjo el 9 de abril, cuando las tropas sitiadoras llegaron hasta los conventos de La Merced, Santo Domingo y Capuchinos, al mando de los Coroneles Corzo y Villaseñor y de los Capitanes Cabañas, Carías, Calderón, Pineda y Álvaro.

Por la noche la Universidad de San Carlos era tomada por el Coronel Angulo y el convento de San Francisco por el Coronel Cordero. Hubo que combatir en las calles los días 10 y 11 hasta que las tropas del Coronel Raoul llegaron al mismo centro de la ciudad. Guatemala capituló el 12 y se resolvió la suspensión de las hostilidades; la entrega de armas por parte de los vencidos, con garantía para sus vidas y promesa de pasaportes para los que quisieran abandonar la ciudad. El no cumplimiento de la entrega de las armas hizo que Morazán anulara los términos de la capitulación, aunque no por ello dejó de hacer honor a sus promesas en cuanto a la garantía de vida ofrecida a los vencidos.

El 13 de abril de 1829 el Ejército Aliado Protector de la Ley hizo su entrada triunfal en Guatemala y Morazán ocupó personalmente el palacio de gobierno.

Con este triunfo se cierra el más importante capítulo de su vida militar.

VII: EN EL EJERCICIO DEL PODER SUPREMO

Al cerrar los dos capítulos anteriores hemos dejado a San Martín victorioso, dueño de Lima e instalado en el Palacio de los Virreyes, y a Morazán victorioso, dueño de Guatemala e instalado en el Palacio de Gobierno. Lograron sus objetivos mediante victorias que documentaron su capacidad de estrategas y sus dotes de organizadores de ejércitos. En su camino dieron, respectivamente, la independencia a Chile y El Salvador, dos pueblos que, sin ser los suyos, mantienen hasta hoy intacta la veneración por sus libertadores. Veamos cómo se prolonga el paralelismo en el ejercicio del poder supremo al que ambos son ensalzados como consecuencia de sus triunfos militares.

1

La ciudad de Lima, a orillas del Rímac y cercana al mar, tiene el orgullo de haber sido la virtual capital del imperio español en América del Sur. Hacia la época de la revolución independentista podía competir con México y sin duda superaba en importancia a la misma Madrid, asiento de los monarcas españoles. Una sociedad aristocrática y clerical gobernaba un pueblo tranquilo y sometido que no se interesaba demasiado en la lucha revolucionaria. Si el Perú se hubiese insurreccionado en un principio, observa Mitre con acierto, como lo hicieron las demás colonias casi simultáneamente, la causa de la independencia habría triunfado en la primera campaña, al menos en el sur, y acelerado la emancipación del norte, ahorrando inmensos esfuerzos y tiempo. Por el contrario, el Perú se transformó en el centro de la reacción realista y su resistencia, así como la más pacífica de Guatemala, fueron los últimos obstáculos al triunfo final de la causa revolucionaria.

San Martín proyectaba su retiro una vez proclamada la independencia del Perú: "preveo el término de mi vida pública y voy a tratar de entregar esta pesada carga a manos seguras y retirarme a un rincón a vivir como un hombre". El 28 de julio de 1821 proclamaba la independencia en solemne ceremonia en la Plaza Mayor, desplegando la bandera blanca y roja que él mismo inventara al desembarcar en Pisco. El proyectado retiro ya no fue posible y, a instancia del pueblo peruano y del Cabildo, asumió el gobierno con el título de Protector del Perú. En esa oportunidad escribió a O'Higgins: "Los Amigos" (evidente alusión a los miembros de la Logia Lautaro) "me han obligado a encargarme de este gobierno: he tenido que hacer el sacrificio, pues conozco que de no ser así el país se envolvería en la anarquía".

Y al asumir el poder supremo se dirigió a los peruanos en los siguientes términos: "La religiosidad con que he cumplido mi palabra en el curso de mi vida pública me da derecho a ser creído, y yo la comprometo ofreciendo solemnemente a los pueblos del Perú que en el momento en que sea libre su territorio, haré dimisión del mando para hacer lugar al gobierno que ellos tengan a bien elegir"; "Cuando tenga la satisfacción de renunciar al mando y dar cuenta de mis operaciones a los diputados del pueblo, estoy cierto de que no encontrarán en la época de mi gobierno rasgo de venalidad, despotismo ni corrupción. Administrar recta justicia a todos, recompensando la virtud y el patriotismo, y castigando el vicio y la sedición en donde quiera que se encuentren, tal es la norma que regirá mis acciones mientras esté colocado a la cabeza de esta nación".

Señala Mitre que no es dable dudar de estas protestas, abonadas por sus antecedentes, ni en la lealtad de sus propósitos, justificados por actos posteriores.

Fueron sus Ministros el peruano Unánue, el colombiano García del Río y el argentino Monteagudo. Este último fue el motor audaz que necesitaba un gobierno de origen revolucionario, así como su consejero en la adopción de draconianas medidas contra los españoles que no aceptaron servir el nuevo orden.

Una de esas medidas fue la expulsión del Arzobispo de Lima, Monseñor Las Heras, español virtuoso que ensayó entender lo que estaba ocurriendo a pesar de sus 80 años y de la encíclica del Papa Pío VII, que recomendaba a las iglesias de América la fidelidad al monarca español y a los creyentes el más firme odio contra los sediciosos. San Martín había dispuesto el cierre de las casas de ejercicios espirituales de mujeres, en circunstancias en que los más altos dignatarios eclesiásticos del Perú conspiraban contra su gobierno. El Arzobispo de Lima se negó a dar cumplimiento a esta orden que el Protector consideró irrevocable. Ante este hecho, el prelado pidió sus pasaportes y el gobierno le acordó 24 horas para abandonar el país.

San Martín es el creador del ejército nacional peruano, al incorporar a sus fuerzas a los naturales del país partidarios de la independencia, organizándolos en la Legión Peruana, división de ejército compuesta por un regimiento de caballería y otro de infantería, y también de la marina de guerra y mercante peruanas. Fundó la Biblioteca Nacional del Perú, repitiendo el gesto que vincula su nombre con la fundación de la Biblioteca de Santiago, a la que destinó el premio en dinero que le otorgó la Municipalidad de esa ciudad después de la victoria de Chacabuco. Proclamó la libertad de vientres, emancipando los esclavos que en aquella sociedad colonial pasaban de cuarenta mil, a condición de pronunciarse a favor de la causa revolucionaria. Decretó la libertad de imprenta suprimiendo la censura previa; abolió los tormentos; creó la Orden del Sol; consagró la inviolabilidad del domicilio, dejando a su ministro Monteagudo desarrollar su obra reformista, confiando en las ideas del ex director de La Gaceta de Buenos Aires y antiguo diputado miembro de la célebre Asamblea del año 13, que había sancionado esas mismas reformas para las Provincias Unidas del Sud. Finalmente, promulgó el Estatuto Provisional, que anticipaba las principales normas constitucionales del Perú independiente.

Tal es, a grandes rasgos, la obra de gobierno de San Martín en el Perú. Agreguemos que ella fue cumplida en medio de graves peligros militares, bajo la amenaza de las fuerzas españolas agrupadas en las sierras a las órdenes del General Canterac, ante la hostilidad de buena parte de la población peruana, reacia a entrar en el nuevo orden, y ante la defección introducida en las propias filas del Ejército Unido por la envidia de algunos jefes o las quejas de otros, so pretexto de descontento por las ideas monárquicas atribuidas al Libertador.

La ciudad de Guatemala, como Lima, está edificada entre montañas y goza de un clima de eterna primavera. En ambos casos esa dulzura del clima ha servido para explicar la falta de fervor revolucionario de sus habitantes, hipótesis absurda si leemos otras páginas de la historia. La explicación del quietismo en la época de los movimientos independentistas es mejor buscarla en un conformismo ante el acierto de los gobiernos coloniales, que las hicieron capitales de vastos conglomerados políticos y les acordaron ventajas y privilegios de los que no gozaron otras ciudades fundadas por los españoles en América. Cuando el continente entero se convulsionaba en una lucha que se extendía de Buenos Aires a México, pasando por Santiago, Quito, Bogotá y Caracas, los habitantes de Lima y Guatemala transformaban esas ciudades en reductos del monarquismo español y la reacción clerical. Hacia 1821, en que ambas capitales proclamaron la independencia de España forzadas por la presión que venía de afuera, es imposible encontrar dos ciudades y dos sociedades más semejantes entre sí que Lima y Guatemala. Ambas debieron la obra reformadora de su administración y su alistamiento en la causa de la libertad y de la democracia a los dos ilustres Libertadores que asumieron sus gobiernos conquistando ese derecho por la fuerza de sus principios y su genio militar. En uno y otro caso fueron asambleas locales las que impusieron al vencedor la dura carga del ejercicio efectivo del poder, para el que ni el uno ni el otro estaban preparados, pero que cumplieron con honestidad y claro deseo de ser útiles a los pueblos que habían liberado.

Al igual que San Martín, Morazán proyectaba su retiro para después de la reunión del Congreso General del Estado que estaba dispuesto a convocar. El 14 de abril de 1829 dirige a los pueblos del Istmo una proclama en la que se lee: "El Estado de Guatemala, que ha sido por tanto tiempo la propiedad de los tiranos, ya pertenece a los libres, y su administración a las autoridades legítimas"; "A este tiempo de ruinas y de horrores, de devastaciones y de crímenes, se sucederá el del orden, y en él tendrá su trono la justicia y la ley, que osaron destruir los tiranos de Centro América"; "Cuando el orden constitucional esté restablecido; cuando el que deba servir el Poder Ejecutivo de la Nación sea electo por el Congreso Federal, según las leyes, restituirá el Ejército Protector a sus respectivos Estados; y yo iré a dar cuenta de todo a sus gobiernos, llevando la gran satisfacción de haber llenado sus deseos y cumplido con mis obligaciones". Compárense estas frases con las escritas por San Martín en circunstancias semejantes ocho años antes y se comprobará su extraordinaria similitud.

Podría decirse que esas ideas eran propias de todos los hombres educados en el liberalismo como doctrina política de la época y pertenecientes o amigos de las logias masónicas que imponían sus principios y estilo a adeptos o simpatizantes. Es cierto, mas ello no disminuye la hermandad espiritual de aquellas almas igualmente capaces de la legítima ambición, el sacrificio heroico y el renunciamiento sin reservas, como lo demostraron en las horas cruciales de sus vidas.

Una de las primeras medidas de Morazán, al comprobar que los conservadores y colonialistas de Guatemala no habían hecho entrega de las armas conforme se había estipulado, fue disponer la detención de los principales jefes de la reacción, entre ellos el Arzobispo Ramón Casaus y Torres, repitiendo el gesto de San Martín en Lima con mayores fundamentos de los que tuvo aquél, ya que en Guatemala era evidente que el clero con el Arzobispo a la cabeza conspiraba contra el nuevo orden y quería impedir el restablecimiento del régimen federal. En la noche del 10 de julio el Arzobispo y los frailes de Santo Domingo y la Recolección fueron detenidos y el Coronel Raoul recibió orden de conducir la tropa que debía acompañarlos hasta Omoa, desde donde fueron embarcados para La Habana en número de 260, con lo que Morazán aseguró un clima de tranquilidad para el gobierno progresista que poco después debía iniciar. Igualmente fueron detenidos el Marqués de Aycinena, Vicepresidente en ejercicio de la presidencia; Mariano Beltranena, Juan Francisco Sosa y Vicente Piélago, todos altos funcionarios del gobierno conservador. La misma suerte corrió Manuel José Arce, principal responsable de la guerra, que en sus Memorias reprocha a Morazán el haber violado la capitulación con esas detenciones y las que siguieron en el mes de mayo, olvidando que los defensores de la ciudad ocultaron las armas en lugar de entregarlas al vencedor como estaba previsto.

La Asamblea de Guatemala y el propio Congreso Federal, convocado por Morazán, aprobaron las medidas adoptadas en esta emergencia, resolviendo la reposición de las autoridades depuestas por las arbitrarias medidas de Arce. Así asumió la primera magistratura don José Francisco Barrundia, en su carácter de senador más antiguo. Morazán fue declarado Benemérito de la Patria y conservó el mando de los ejércitos federales, pero no tardó en alejarse de Guatemala para asumir el cargo de Jefe de Estado para el que había sido designado en su patria, Honduras.

Como Presidente de Honduras realizó una obra extraordinaria, pacificando su territorio convulsionado por la sublevación de los olanchanos; hizo llegar a Tegucigalpa la primera imprenta; fundó "La Gaceta de Gobierno" para poder dar cuenta al pueblo de la real inversión de los fondos fiscales; organizó la aduana; realizó la primera acuñación de moneda y puso el cúmplase a dos leyes revolucionarias en aquella época y aún en la nuestra: la que reconocía el matrimonio civil contraído por sacerdotes católicos y la que declaraba herederos forzosos por razones de equidad a los hijos naturales de los clérigos. Es natural que estas medidas le granjearan una mayor animosidad de la grey católica, ya predispuesta en su contra.

En julio de 1830 la Asamblea Nacional de Guatemala lo eligió Presidente de Centro América, prefiriéndolo a José Cecilio del Valle y a José Francisco Barrundia, que también fueron candidatos. Delegó el cargo de Jefe de Estado de Honduras y regresó a Guatemala el 14 de septiembre de 1830, para asumir la primera magistratura dos días más tarde, en medio del regocijo popular. En esa oportunidad dijo: "Ofrezco sostener la Constitución Federal que he defendido como soldado y como ciudadano. Ella establece como una de sus bases la religión de Jesucristo. Esta ha triunfado del fanatismo que la desacreditaba, y muchos de sus ministros que excitaban en su nombre a la matanza y a la destrucción han descubierto, desde el lugar de su destierro, las miras criminales del tirano español a quien servían. La religión se presenta hoy con toda su pureza y sus verdaderos enemigos que la tomaban en sus labios para desacreditarla, no la harán aparecer ya como un instrumento de sus venganzas. Yo procuraré que se conserve intacta, y que proporcione a los centroamericanos los inmensos bienes que brinda a los que la profesan".

Al igual que San Martín, combatió el fanatismo de un clero al servicio de la restauración española, pero no la religión que ambos profesaron y a cuyo Dios, en no concertado acuerdo, invocaron al expresar en sus respectivos testamentos sus últimos deseos.

Ya en ejercicio de la primera magistratura y ante el temor de una invasión española de vasto alcance, que amenazaría en primer término a México y a continuación a Centro América, Morazán no vaciló en dirigirse al Ministro de Relaciones Exteriores de México, don Lucas Alamán, en nota en la que puede leerse: "No cabe duda de que se prepara una nueva y fuerte expedición contra América, alentados sus enemigos, seguramente, por las tristes desavenencias que han trastornado su orden interior"; "Persuadido mi gobierno que la unión entre las dos repúblicas las hará inaccesibles a la fuerza española, ofrece al de esa nación, en el caso de ser nuevamente atacada, todos los auxilios de que puedan ser susceptibles los recursos de Centro América". No se podía enunciar con mayor claridad ni proponer en términos más netos la unión de las fuerzas patriotas americanas contra toda tentativa española para restablecer su antigua dominación.

Ese tardío ataque a México no tuvo lugar, pero la República Federal, librada a sus propias fuerzas, debió soportar la invasión preparada desde La Habana, último reducto español en América, al mando de Ramón Guzmán y Vicente Domínguez, que desembarcaron en la costa norte de Honduras y se hicieron fuertes en el Castillo de Omoa. El Coronel Vicente Domínguez fue uno de los mejores y más crueles oficiales de Aycinena, sirviendo su acción para demostrar la identidad de miras de los españoles y el gobierno conservador de Guatemala. Razón tenía Morazán al identificarlos como enemigos de la libertad de América por la que se batía al frente de sus ejércitos.

Morazán impuso desde el gobierno su ideología liberal y progresista, respetando la libertad de imprenta hasta el punto de tolerar ataques que llegaban al agravio personal; fomentó la inmigración convencido de la necesidad del aporte de sangres nuevas para cimentar la nacionalidad naciente; estableció la libertad de cultos al aprobar la reforma de la Constitución Federal de 1824, cuyo artículo 11 imponía el católico en forma obligatoria; gobernó con equidad y justicia, tal como lo había anunciado, apoyando toda empresa noble que contribuyera al mejor desarrollo social y económico de los pueblos centroamericanos. Todo esto, como en el caso de San Martín, bajo la presión de la reacción española y clerical que amenazaba la estabilidad del régimen con asonadas e invasiones, como la del español Ramón Guzmán en la costa del Caribe y la del ex presidente Arce proyectándose desde México, en un desesperado intento por conquistar su anterior poder. La desobediencia de Cornejo, Jefe de Estado de El Salvador, lo obligó a luchar de nuevo por la conquista de esa plaza. Morazán derrotó a Cornejo y una vez más entró aclamado en San Salvador; el Coronel Ferrera derrotó a Domínguez, viejo enemigo de Morazán desde los tiempos de Gualcho, y el Coronel Raoul cortó todas las aspiraciones de Arce en Escuintla de Soconusco, el 23 de febrero de 1832. Finalmente, el español Guzmán, entregado por sus propios hombres al rendirse el Castillo de Omoa, fue fusilado en esa misma fortaleza el 13 de septiembre de 1832. La bandera azul y blanca, insignia de la República Federal desde el año de su fundación, tremoló triunfal en los cinco estados que integraban la unión, pacificados por las victorias de Morazán y sus lugartenientes.

En 1834 se desató una nueva lucha ante la ambición del jefe salvadoreño Joaquín San Martín que, vencido por Morazán, fue reemplazado primero por el General Carlos Salazar y después por Dionisio de Herrera, quien había ejercido iguales funciones en Honduras y Nicaragua, pero que en esta oportunidad declinó el nombramiento, por lo que fue elegido el General Nicolás Espinoza como nuevo Jefe de Estado de El Salvador.

El 16 de septiembre de 1836 terminó el período para el cual había sido electo Morazán. Su sucesor debió ser otro hondureño ilustre: José Cecilio del Valle, su vencido de cuatro años antes, vencedor ahora, pero cuya sorpresiva muerte puso a la Federación en dificultades. Morazán abandonó su cargo en la fecha prevista, en que asumió esas funciones el Senador José Gregorio Salazar.

Viajó a Honduras y Costa Rica como simple ciudadano y en todas partes fue recibido de acuerdo a sus altos merecimientos. Mientras tanto, en San Salvador, ahora asiento de las autoridades federales, se practicaba el escrutinio de la elección presidencial, comprobándose que Morazán había resultado electo para un segundo período que inició el 14 de febrero de 1835. Días antes se había aprobado la nueva Constitución y se había declarado a San Salvador capital de la República. La Constitución dio lugar a nuevas luchas y la aparición del cólera complicó la triste situación del Estado. Morazán se multiplicó para mantener el orden, someter a los sediciosos y comportarse como el gobernante progresista que realmente era. En su mensaje al Congreso del 21 de marzo de 1836, ya cumplido su primer año de gobierno, se refirió a las negociaciones que se realizaban con Gran Bretaña para la apertura de un canal transoceánico a través del territorio de Nicaragua, dificultadas por la falta de acuerdo para la transferencia del establecimiento de Belice, sobre el Caribe guatemalteco, asunto en el que no estaba dispuesto a transar como tampoco Gran Bretaña, lo que se prueba con el hecho de que hasta ahora mantiene esa posesión en América y, como consecuencia de ello, interrumpidas sus relaciones diplomáticas con la República de Guatemala. Se refirió a la necesidad de extender los beneficios de la educación a todos los pueblos centroamericanos y también al deplorable estado de la hacienda pública, confesando que no se contaba con recursos para sostener un ejército federal. En esas condiciones gobernó Morazán a su patria.

En 1838 hubo complicaciones en Guatemala con la aparición de guerrilleros en diferentes partes del país. El Jefe de ese Estado, don Mariano Gálvez, que más de una vez se había opuesto a Morazán, solicitó su ayuda y el Presidente de la Federación ensayó apaciguar al principal líder rebelde, un caudillo de montoneros que habría de dejar larga señal en la historia de su país: Rafael Carrera. Desgraciadamente el gobierno de Gálvez enfrentaba una fuerte oposición, la que no tardó en unirse con los montoneros, provocando primero la caída de Antigua y en seguida —2 de febrero de 1838— la de Nueva Guatemala. Las hordas de Carrera cometieron toda clase de tropelías a su entrada en la capital y virtualmente los conservadores volvieron al poder, del que habían sido desalojados por los triunfos de Morazán del año 1829. Mariano Gálvez fue derrotado y asumió el vicejefe Pedro Valenzuela, que también solicitó el apoyo de Morazán, mientras Carrera era alejado de la capital por maquinaciones de los mismos que lo habían ayudado a tomarla. Refugiado en Mataquescuintla, rechazó las proposiciones de paz que se le hicieron llegar, por lo que se produjo el enfrentamiento con el ejército federal que lo deshizo, obligándolo a refugiarse en las montañas.

El 14 de abril Morazán y sus tropas entraban en la capital, donde los conservadores, ahora "cachurecos", le ofrecieron la dictadura que el Libertador no aceptó. Afirmado el gobierno de Valenzuela,

Morazán pudo dedicarse a terminar la lucha con los montoneros, dejando de lado la política, en la que se preparaban acontecimientos trascendentales para Centro América. El 30 de abril de 1838 el Estado de Nicaragua reasumió su autonomía de hecho y un mes después el Congreso Federal, reunido en San Salvador, a instancias de los diputados sacerdotes Juan José Aycinena y Pedro Pérez Zeledón, dictó el decreto que pone fin a la República Federal Centroamericana al autorizar a los Estados de la Federación a constituirse del modo que creyeran conveniente, conservando la forma democrática republicana de gobierno. Morazán abandonó la campaña contra Carrera, dirigiéndose a San Salvador y, en Guatemala, Valenzuela fue sustituido por el débil Mariano Rivera Paz.

Las tropas indígenas de Carrera abandonaron sus guaridas en la montaña y se apoderaron de Jalapa y Petapa, venciendo a las guarniciones federales. Morazán, al frente de mil salvadoreños, acudió en defensa de la capital amenazada por Carrera, ya frenado en Villanueva por el General Carlos Salazar. Carrera se retiró una vez más a sus montañas y el Presidente de la Federación entró en Guatemala, donde no logró calmar las luchas políticas internas entre las dos fracciones tradicionales. Faltaban unos meses para la terminación de su segundo mandato presidencial, que expiraba el 19 de febrero de 1839, cuando la situación se fue agravando como consecuencia de la secesión de Honduras y Costa Rica, que se sumaron a Nicaragua en la denuncia del pacto federal. El General Agustín Guzmán, vencedor de Omoa cuando la invasión del español Ramón Guzmán, fue enviado a someter a Carrera y terminó firmando con éste el convenio de Rinconcito, por el que Carrera quedaba a las órdenes del gobierno de Rivera Paz. A fines de enero el Congreso local de Guatemala nombró al General Carlos Salazar para reemplazar a Rivera Paz, pero el Congreso Federal, sesionando en San Salvador, no logró que se realizaran las elecciones para designar al sucesor de Morazán, ante lo cual la República Federal quedó sin presidente legal.

Cabe admirar la obra realizada por Morazán en sus períodos presidenciales en medio de tantas dificultades y con la constante preocupación por sofocar sediciones y conspiraciones que amenazaban la integridad de la República.

VIII: HISTORIA DE DOS CASTILLOS: EL CALLAO Y SAN FERNANDO DE OMOA

Dos imponentes fortalezas españolas: El Real Felipe del Callao y El Real de San Fernando de Omoa, están íntimamente ligadas a las operaciones militares y preocupaciones de San Martín y Morazán. El Callao, baluarte de los españoles en el Perú, había resistido a los ataques de Brown en 1815 y de Cochrane en 1819. San Martín estimó que el dominio de Lima era ilusorio si no lo acompañaba la rendición del Callao. La logró el 21 de septiembre de 1821 después de un prolongado sitio que en el mar estuvo a cargo de los barcos de Cochrane y por tierra del ejército libertador.

En el otro extremo del continente, la fortaleza de Omoa pasó a depender de las autoridades revolucionarias en ese mismo año de 1821, igualmente trascendente para el Perú y Centro América. Fue consecuencia directa de la jura del Acta de la Independencia que tuvo lugar en Comayagua el 28 de septiembre. Omoa dependía de Comayagua y corrió la suerte decidida en la capital de Honduras.

Ambas fortalezas volvieron circunstancialmente a poder de los españoles y la bandera gualda y roja flameó otra vez en sus torreones. En los dos casos fueron responsables soldados americanos que habían peleado en los ejércitos de la libertad y que, sin embargo, se pusieron a las órdenes de jefes españoles. La recuperación de una y otra plaza fuerte señaló el último estertor de la resistencia hispana en Sur y Centroamérica. De allí el interés histórico de estas fortificaciones.

1

El Callao se levanta en una pequeña península que domina la bahía del mismo nombre, no lejos de la desembocadura del Rímac. La población tiene remoto origen, pues fue fundada en 1537 y con los años llegó a ser el puerto español más importante sobre el Pacífico. La necesidad de defender la costa y el camino a Lima, distante no más de 20 kilómetros, obligó a rodearla de murallas. Los ataques de piratas y corsarios se escalonaron a lo largo de toda la época colonial. Francis

Drake la atacó en 1578 apresando varios barcos; un maremoto ocasionó su ruina en 1746; un terremoto sacudió sus cimientos en 1940, pero a pesar de esta sucesión de desastres los restos del Real Felipe se yerguen imponentes sobre el mar, transformados actualmente en museo militar.

Hacia la época de las luchas revolucionarias el Callao era considerado inexpugnable. Las fortificaciones habían sido construidas a fines del siglo XVIII para reemplazar las viejas murallas destruidas por el maremoto de 1746. Tres grandes bastiones de forma circular, unidos entre sí por comunicaciones internas que garantizaban la eficacia de la defensa, señalaban los extremos de la plaza fuerte de forma triangular. El Real Felipe era el más importante y servía de residencia al Gobernador. Los otros se denominaban San Miguel y San Rafael. San Martín, al apoderarse de la fortaleza, dispuso el cambio de nombres, dándoles otros capaces de fortalecer el espíritu patriótico de los peruanos: Castillo Independencia, Castillo del Sol y Castillo de Santa Rosa.

Sobre las largas terrazas que unían a los castillos estaban emplazadas las baterías del Arsenal San Joaquín, integradas por cerca de doscientas piezas de grueso calibre y almenas bien dispuestas que cubrían a los defensores y permitían disparar con armas menores. Esta artillería dominaba la bahía y protegía a las escuadrillas españolas que se refugiaban a su amparo. La isla de San Lorenzo cubre parte de la salida al mar.

Cuando San Martín, todavía en Mendoza, preparaba el cruce de los Andes, una escuadrilla corsaria salió de Buenos Aires al mando de Brown y Bouchard con la misión de doblar el Cabo de Hornos y remontar las costas americanas del Pacífico, para comprobar la eficacia de las defensas españolas. Brown y Bouchard realizaron su mejor hazaña al atacar la fortaleza del Callao, en cuyas aguas adyacentes tomaron la fragata Consecuencia que, llevada a Buenos Aires y armada en corso con el nombre de La Argentina, se haría inmortal al mando del mismo Bouchard en su famoso periplo de 1817 a 1819. De regreso a Valparaíso serviría para transportar a los Granaderos de los Andes al realizarse la expedición al Perú.

Los corsarios de Buenos Aires no tenían fuerzas capaces de someter el Callao, testigo de tantas heroicas resistencias cuando los sucesivos ataques de los corsarios Drake, Cavendish, Hawkins y Clarck. Entre los días 20 a 27 de enero hicieron prodigios de valor y osadía, causando daños al puerto y a los castillos. Las naves corsarias siguieron su viaje hacia el norte para cumplir nuevas hazañas frente a Guayaquil.

En 1819 la escuadra argentino-chilena creada laboriosamente por San Martín con el apoyo de los directores supremos O'Higgins y Pueyrredón y ya puesta al mando de Lord Cochrane, salió de Valparaíso para probar sus fuerzas y se encontró frente al Callao, el 27 de febrero de ese año, con el ambicioso proyecto de destruir la escuadrilla española refugiada al amparo de los cañones de la fortaleza. San Martín entendía que era imposible decidir el embarque de su ejército si previamente no era despejado de naves enemigas el camino del mar. Esa era la misión que confió a la pericia de Cochrane y que éste cumplió cabalmente. En ese su primer año al frente de la escuadra libertadora atacó en dos oportunidades al Callao, causando daños a la flota española anclada en la bahía. Finalmente, se apoderó de la isla San Lorenzo y puso sitio a la bahía, cortando toda movilidad a los buques españoles. La expedición libertadora de San Martín tenía vía libre y no tardaría en utilizarla.

Tomada Lima y proclamada la independencia del Perú, el Callao se mantuvo en poder de los españoles, transformándose en una peligrosa amenaza para la capital. El General Canterac, que mantenía poderosas fuerzas en las sierras, intentó socorrer a los sitiados y sus columnas lograron establecer el contacto y penetrar en los castillos. San Martín, contra la opinión de Cochrane y otros jefes que lo instaban a dar batalla frontal, presenció impasible esa conjunción de las fuerzas adversarias, seguro que la consecuencia no podía ser otra que aumentar el número de los sitiados y con ello los problemas de la plaza. Así ocurrió en efecto y el mismo General español, al darse cuenta de la trampa en que había caído, intentó un retorno a las sierras a costa de la pérdida de la tercera parte de los efectivos expedicionarios. Unos días después, el Gobernador de la fortaleza, José de La Mar, ya sin esperanzas de nueva ayuda, aceptaba la capitulación convenida con el Coronel Tomás Guido, designado por San Martín a ese efecto. La guarnición que se había batido con heroísmo por tanto tiempo fue tratada magníficamente: se le acordaron los honores de la guerra, salida por la puerta principal con las banderas desplegadas y tambor batiente. El parque de artillería, armamento y útiles navales, pasaron al vencedor. Lima y el Callao cayeron en poder de San Martín sin que resultara necesario dar ninguna batalla decisiva. El día 21 de septiembre de 1821 tuvo lugar la toma de posesión de la fortaleza por parte de las tropas patriotas. En esa misma fecha, San Martín y su Ministro Monteagudo firmaron el decreto asignando nuevos nombres a los tres castillos en la forma que antes hemos consignado.

A principios de 1824, ya producido el retiro de San Martín, los restos del ejército de los Andes estaban encargados de la custodia de la fortaleza. Una protesta iniciada por la falta de pago de sueldos y por sucesivas desinteligencias con los soldados colombianos, terminó en sublevación abierta y degeneró en traición cuando fueron liberados los oficiales españoles prisioneros en las celdas del castillo. Dos sargentos del ejército libertador, de valor probado en muchas acciones, pero faltos de inteligencia, depusieron a sus jefes y luego, ante el lógico temor a las consecuencias de su acción, terminaron por encomendar la dirección de la operación al Coronel español José María Casariego y levantar la bandera española.

Un soldado de Buenos Aires se negó a izarla y fue fusilado sin más trámite. Aún después de los triunfos definitivos de Junín y Ayacucho, que pusieron fin a la guerra de la independencia en América, el Callao seguía en poder de los españoles, defendido por 2.200 soldados al mando de Rodil, que recién se rindieron en enero de 1826, cuando ya no se combatía en ningún otro punto del antiguo imperio colonial. Recién entonces fue arriada esa bandera española que fue la última en flamear en América del Sur.

El Callao volvió a la actualidad bélica durante la Guerra del Pacífico, librada en 1866 entre España por un lado y Chile y el Perú por el otro. Como recuerdo de la más importante acción de esa lucha, en la principal avenida de la ciudad moderna se levanta la estatua del héroe de la Batalla del Callao, José Gálvez.

2

El Castillo de San Fernando de Omoa es el último lugar en que flameó la bandera española en Centroamérica. Alguna vez, en la población que languidece a la sombra de los viejos muros, se levantará una estatua a otro Gálvez que, en el curso de su histórico pasado, fue uno de sus más valientes defensores.

San Fernando de Omoa se yergue, igual que el Callao, ante una bahía de la que toma su nombre, vecina a la población que en la época colonial hizo parte de la Audiencia de los Confines, después de la Capitanía General de Guatemala, más tarde de la República Federal de Centro América y, finalmente, de la República de Honduras. Está formada por un gran triángulo cuyos parapetos quedan señalados por ocho almenas cuya historia se cuenta en sendos trabajos firmados por Caldera y Zapatero, aparecidos en la Revista de Indias. Los proyectos de la defensa de Omoa datan de marzo de 1723, fecha en que se apreció debidamente el valor estratégico de ese puerto que custodia la entrada del camino fluvial a la ciudad de Guatemala desde la costa atlántica. La fortificación recibió primero el nombre de Fuerte o Reducto de Omoa y después el de Castillo de San Fernando. Al igual que el Callao, recién estuvo terminada en la segunda mitad del siglo XVIII, constituyendo ambas los mejores exponentes del genio español en materia de construcciones militares. La guerra con Inglaterra hizo ver a España lo vulnerable de su imperio ultramarino, por lo que sus ingenieros se pusieron en la empresa de fortificar el extenso litoral marítimo, construyendo una serie de fortalezas. Así nacieron San Marcos de Apalache y San Agustín de la Florida; Panzacola y Nueva Orleans en la Luisiana española; San Juan de Ulúa en la Isla de los Sacrificios; San Fernando y San Felipe en la ruta a Guatemala; San Juan sobre el río de este nombre en la costa de Nicaragua; San Fernando de Matina en Costa Rica, y las que protegieron las costas de Panamá, Colombia y Venezuela, cuyos vestigios se conservan hasta nuestros días.

En 1779 San Fernando de Omoa fue atacado por los ingleses en dos oportunidades: el 24 de septiembre y el 16 de octubre. En la segunda, el castillo fue tomado por haber sido mal defendido por su gobernador, don Simón Desnaux. Lo reconquistó, con su característica bravura, el Capitán General de Guatemala, después Virrey de México, General Matías de Gálvez. Hubo un largo proceso por la pérdida de la plaza fuerte, en el que se demostró la debilidad general de su construcción, asentada sobre terreno débil y arenoso y hecha casi totalmente de ladrillos, lo que se explica por la falta de piedra adecuada en los alrededores. La plaza podía ser socorrida por tierra a través del Camino Real que la unía a Guatemala, pasando por San Pedro Sula, que era entonces un pequeño poblado con casas de barro y paja. Su guarnición se calculaba en cuatrocientos hombres, pero en muy raras oportunidades estuvo completa. En los inventarios de esa época se registra una existencia de 26 cañones de bronce, de a 24, y 43 cañones de hierro de diferentes calibres, señalándose una deficiente provisión de pólvora y municiones. La proximidad de los establecimientos ingleses de Belice aumentaba su vulnerabilidad, reconocida por el Capitán General de Guatemala, don Matías de Gálvez, quien al tener noticias de la caída del Castillo no vaciló en ponerse al frente de las fuerzas que debían reconquistarlo y el 26 de noviembre ya se encontraba atacando a los ingleses. Las hazañas de Matías de Gálvez forman una de las páginas más brillantes de la historia colonial. El Castillo de San Fernando fue recuperado y el honor español quedó a salvo.

En 1820 la fortaleza soportó otro ataque. Para ese entonces todo el imperio español en América ardía como consecuencia de las luchas independentistas y el Caribe era escenario de continuos combates entre buques españoles y naves corsarias. Luis Aury, con la bandera azul y blanca de Buenos Aires izada al tope de sus catorce naves, se había hecho fuerte en las islas del pequeño archipiélago de Santa Margarita, donde había creado un Estado dependiente de los gobiernos aliados de Buenos Aires y Chile, actuando con patente corsaria otorgada a nombre de Juan Martín de Pueyrredón. Desde ese centro de operaciones intentó fomentar la independencia centroamericana infiltrando agentes revolucionarios en las poblaciones costeras para atacarlas luego, esperando el apoyo de los criollos soliviantados por sus ardorosas proclamas libertarias.

El 22 de abril de 1820 las naves de Aury fracasaron en su intento de tomar Trujillo. La defensa del Teniente Coronel José María Palomar, Comandante del puerto, resultó eficaz y los corsarios sufrieron la pérdida de cuarenta hombres y de uno de sus buques. Reembarcados, se dirigieron a Omoa y el 25 tomaban la población haciéndose de un rico botín. Los españoles se refugiaron en el Castillo de San Fernando y Aury estableció el sitio. El 28, el capitán corsario

—cuyo nombre debe figurar a justo título entre los precursores de la independencia centroamericana— envió un parlamentario para solicitar la entrega de la plaza. Se intercambiaron notas que hoy hacen parte de la historia de Honduras, aunque pocos las recuerden.

El corsario de Buenos Aires escribió:

"Luis Aury, General en Jefe de las fuerzas de mar y tierra que, bajo los auspicios de los Estados Unidos de Sud América, promueven la libertad e independencia de las provincias de Guatemala, al señor Gobernador Comandante de la Plaza de Omoa: Los valientes que me acompañan y que tengo el honor de mandar, se han propuesto el alivio general de tantos infelices que gimen en las Américas del Sud bajo la dominación española, señaladamente en las provincias de Guatemala, cuyos clamores han penetrado lo más íntimo de su corazón".

Para evitar la lucha, Aury ofreció premios y ascensos que el viejo comandante de la plaza, el capitán retirado José Eusebio Menéndez, rechazó con altivez: "las proclamas de usted firmadas ayer y la carta de hoy en que ofrece la libertad, nada influyen en los corazones de estos fieles habitantes y tropas que tengo el honor de mandar..."

Ambos documentos están fechados el 28 de abril de 1820. Las fuerzas de Aury no podían permanecer inactivas mucho tiempo y el corsario levantó el sitio el siguiente 6 de mayo, al recibir noticias de que sus buques eran necesarios sobre la costa de Nueva Granada. Poco más de un año después de estos acontecimientos, Centro América declaraba su independencia de España.

Cuando Morazán asumió por primera vez la presidencia de Honduras, el 26 de noviembre de 1827, después de la victoria de La Trinidad que le dio la posesión de Tegucigalpa y Comayagua, la costa norte quedaba en manos de los soldados invasores de José Justo Milla y del General José Jerónimo Zelaya, que había sido impuesto como presidente títere por los guatemaltecos y que conservó en su poder San Pedro Sula y Omoa. Por primera vez, la fortaleza de San Fernando es motivo de preocupación para Morazán, que designó al Coronel Remigio Díaz para la tarea de reconquistar la parte de territorio hondureño todavía ocupado. Una rápida campaña realizada en los dos primeros meses de 1828 permitió la recuperación de aquellas poblaciones y la pacificación de la costa norte, con la huida de las facciones rebeldes que debieron buscar refugio en la vecina Guatemala.

Siendo Morazán Presidente de la República Federal Centroamericana, estalló una contrarrevolución que tuvo por principales corifeos a Manuel José Arce y a los coroneles Vicente Domínguez y Ramón Guzmán, oficial español que, a la cabeza de doscientos hombres, se apoderó del Castillo San Fernando de Omoa e izó en el mismo la bandera española. El coronel Domínguez, casi en la misma fecha, asaltó y tomó el puerto de Trujillo. Arce, por su parte, iniciaba la invasión por la frontera occidental de Guatemala con fuerzas preparadas en México. Coincidiendo con estos ataques, el Jefe de Estado de El Salvador, José María Cornejo, decidió resistir la presencia de las autoridades federales en territorio salvadoreño, después de haber sido el instigador de su traslado para terminar con la hegemonía de Guatemala.

Para Morazán fueron momentos de dura prueba, pues toda su obra parecía derrumbarse a corto plazo. Intentó negociar sin mayores resultados, por lo que decidió iniciar la campaña de represión que los acontecimientos exigían. Con inflamadas proclamas se dirigió a los pueblos de Honduras y Nicaragua pidiendo solidaridad para salvar a la República:

"La fortuna aún no se ha cansado de proteger la causa de los libres, ni ha abandonado jamás a los valientes: vamos, pues, a merecer de nuevo los laureles que nos esperan en el campo de batalla y el aprecio de nuestros conciudadanos."

El 14 de marzo de 1832, Morazán batía a las fuerzas salvadoreñas en el Jocoro. Sus tropas conquistaron San Miguel y Santa Ana y marcharon sobre la capital, tomándola por asalto el 29 de ese mismo mes. El general Nicolás Raoul fue destacado contra las fuerzas invasoras de Arce, que proclamaba su intención de reponer al arzobispo y a los clérigos desterrados por Morazán. Lo derrotó en Escuintla y Arce se refugió en México.

Todavía quedaban los sublevados de Omoa, dueños de la fortaleza y de la goleta Fénix capturada por el coronel Domínguez, que hizo fusilar a su capitán. Envalentonados por los triunfos obtenidos en Omoa y Trujillo, los rebeldes intentaron atacar Yoro e invitaron a las poblaciones al levantamiento general contra Morazán. Domínguez entró en la capital de Honduras a principios de abril, pero casi al mismo tiempo perdía el puerto de Trujillo, tomado por Ferrera el 11 de ese mes y, finalmente, era derrotado por las fuerzas federales en Opoteca. Fue pasado por las armas el 14 de septiembre de 1832 en la misma ciudad de Comayagua, que había sido su más preciada conquista.

Sólo el Castillo de Omoa representaba aún a la sublevación que había conmovido los cimientos de la República. Morazán despachó contra Omoa una columna al mando de los coroneles Terrelongue y Menéndez. El primero enfermó y fue sustituido por el coronel Agustín Guzmán, que negoció la rendición de la exhausta guarnición sitiada sobre la base de la entrega del español Ramón Guzmán, ya prisionero de sus propios oficiales, y garantía de la vida para el resto de los defensores. La capitulación se firmó el 12 de septiembre y al día siguiente fue fusilado el jefe rebelde.

La bandera española descendió definitivamente del Castillo de San Fernando, siendo la última que flameó en una plaza fuerte centroamericana. Fue reemplazada por la bandera azul y blanca a fajas horizontales de la República Federal. Uno de los sitiadores era el famoso inglés Gordon que, en 1820, a las órdenes de Aury, había participado en forma harto dudosa en el fracasado intento de tomar el castillo. No sabemos si el viejo corsario pudo comprender por qué la bandera de Aury era izada en lo más alto de la torre principal, diez años después de la muerte de aquel capitán. Menos aún comprendería en nuestros días por qué la misma bandera —ahora insignia oficial de la República de Honduras— sigue izada en el mismo sitio.

Curioso juego de tres banderas azules y blancas que se sucedieron ante los muros de la antigua fortaleza, representando sucesivamente a las Provincias Unidas de Sud América, a la República Federal Centroamericana y a la República de Honduras. Tres insignias diferentes y a la vez iguales, no sólo por sus colores, sino por estar identificadas en un mismo ideal de patria y libertad.

IX: EN LA HORA DEL RENUNCIAMIENTO

El renunciamiento es la virtud más valiosa de un hombre público. Cuando un político militante, un gobernante o un conductor de ejércitos es capaz de su propio sacrificio en aras de la causa que sirve, ha alcanzado la santidad cívica y su recuerdo perdurará en la memoria de su pueblo, aunque sus propios contemporáneos no hayan sabido aquilatar la verdadera dimensión de esa actitud. San Martín y Morazán no serían perfectos como patronos de sus naciones si no hubieran recorrido esa dura etapa, que probó las fibras más íntimas de sus espíritus.

1

San Martín, como gobernante del Perú, encontró dificultades que no había conocido como Libertador de Chile. El Almirante Cochrane exigió el pago perentorio de los sueldos debidos a los marinos a sus órdenes y terminó por apoderarse de los caudales del gobierno y de los particulares, depositados en sus barcos para mayor seguridad. Inició por su cuenta su último crucero por el Pacífico, pasando con su escuadra ante las costas centroamericanas en enero de 1822, justamente en la fecha en que los milicianos salvadoreños juraban la bandera azul y blanca como divisa de su rebeldía y se aprestaban a resistir a las tropas enviadas desde Guatemala y México para dominarlos. Con esa excursión provocó la alarma del mismo Iturbide, que dispuso se rechazara cualquier tentativa de desembarco. Hay coincidencia entre la acción de Cochrane y las ideas de San Martín, que poco antes conminaba a los ayuntamientos centroamericanos a resistir la anexión y conservar su independencia —carta del 19 de diciembre de 1821—, pero no hay entendimiento entre esos dos hombres ilustres, de tan dispar carácter.

A la defección de la escuadra se sumaron los peligros de la presencia de las fuerzas realistas en la sierra, y el descontento de los propios peruanos ante ciertas medidas dictatoriales atribuidas a Monteagudo. San Martín pensó en esos momentos que sólo un gobierno fuerte, de tipo monárquico, podía salvar al Perú, y quizás a toda la América, de la anarquía que la amenazaba, pero la repulsa de esas ideas por parte de su más consecuente amigo, el Director Supremo de Chile, Bernardo de O'Higgins, le hizo abandonarlas. Para comprometer más su situación, dos de sus jefes, el general Tristán y el coronel Gamarra, perdieron una división en la campaña de Ica, y ese desastre comprometió el prestigio militar del propio San Martín, que los había enviado sin medir lo relativo y limitado de sus conocimientos. Afortunadamente llegaron buenas noticias de Quito, donde los ejércitos unidos terminaban la campaña por la independencia del Ecuador, y Bolívar quedaba en condiciones de retribuir la ayuda que San Martín le había prestado y que tan útil resultó en Pichincha. Los libertadores mantenían por ese entonces activa correspondencia y ambos preparaban su encuentro, seguros de que ese acto señalaría el fin de la guerra continental.

Guayaquil oscilaba entre la independencia o su anexión al Perú o a Colombia, según el impulso impreso a los acontecimientos por los triunfos militares. San Martín —30 de noviembre de 1821— dispuso acreditar como su representante ante el gobierno libre de Guayaquil al general Francisco Salazar. Constituye otra rara coincidencia el hecho de que Morazán, en parecida circunstancia algunos años más tarde, acreditara como su representante ante el Gobierno de Guatemala al general Carlos Salazar, que terminó asumiendo la presidencia. Uno y otro Salazar fracasaron en las misiones que se les encomendaron. Eran mejores militares que políticos. Por su parte, Bolívar estaba seguro de los derechos de Colombia sobre todo lo que había sido el territorio del Virreinato de Nueva Granada, que sin duda comprendía a Quito y Guayaquil. Además, victorioso y con un ejército disponible, enfrentaba a San Martín con todas las ventajas de su parte. Los triunfos de Río Bamba y Pichincha abrieron la entrada de Bolívar a Quito y Guayaquil. Fueron logrados con la ayuda de las tropas enviadas por San Martín desde el Perú, integradas por fuerzas auxiliares y los famosos Granaderos a Caballo con cinco de sus más destacados oficiales, entre ellos el legendario Juan Lavalle, que pudo vanagloriarse de haber obtenido todos los ascensos militares, de sargento a general, en los campos de batalla.

Por una resolución fechada el 18 de junio de 1822, Bolívar reconoce generosamente esta contribución de "los libertadores del Sud" y dispone que las fuerzas que lo han auxiliado se denominen "Granaderos de Río Bamba". Al saberlo, San Martín le escribe diciéndole: "Los triunfos de Bomboná y Pichincha han puesto el sello de la unión de Colombia y del Perú. El Perú es el único campo de batalla que queda en América y en él deben reunirse los que quieran obtener los honores del último triunfo contra los que ya han sido vencidos en todo el continente. Acepto su generosa oferta. El Perú recibirá con entusiasmo y gratitud todas las tropas de que usted puede disponer, a fin de acelerar la campaña y no dejar mayor influjo a las vicisitudes de la fortuna. Espero que Colombia tendrá la satisfacción de que sus armas contribuyan poderosamente a poner término a la guerra del Perú, así como las de éste han contribuido a plantar el pabellón de la República en el sud de este vasto continente. Es preciso combinar en grande los intereses que nos han confiado los pueblos, para que una sola y estable prosperidad les haga conocer el beneficio de su independencia. Marcharé a saludar a V. E. a Quito. Mi alma se llena de gozo cuando contemplo aquel momento. Nos veremos, y presiento que la América no olvidará el día que nos abracemos."

Las condiciones previstas por San Martín para ese encuentro no se dieron en la realidad. Bolívar dispuso la anexión de Guayaquil a Colombia y esperó al Libertador del Sud en esa ciudad "para abrazarlo en suelo de Colombia". San Martín, viajero a bordo de la Macedonia, aceptó esa imposición y el 26 de julio de 1822 desembarcaba en Guayaquil. El abrazo de los dos Libertadores se produjo a la vista del pueblo entusiasmado, no lejos del lugar donde hoy se levanta el monumento que recuerda aquella histórica entrevista. El poeta Joaquín Olmedo, que había presidido el primer gobierno libre de Guayaquil —disuelto a la llegada de Bolívar— y que era partidario de San Martín, no participaba de la alegría general. Veinte años más tarde recibiría en ese mismo puerto a Francisco Morazán en ruta para su última campaña. Ahora despediría a San Martín que, en Guayaquil, terminó su vida pública.

Las conversaciones de Guayaquil se realizaron sin testigos y lo dicho entonces se mantuvo por mucho tiempo en la penumbra de la historia, pero hoy puede considerarse que el misterio ha terminado.

Dos conversaciones el día 26 y una tercera de cuatro horas el 27, establecieron el choque de dos caracteres y la existencia de intereses inconciliables.

Señala Rojas que la brevedad de la entrevista confirma su carácter puramente militar. San Martín no era hombre de perderse en divagaciones sobre sistemas de gobierno en semejante ocasión. Estos, y aun la misma ocupación de Guayaquil, nada importaban frente al tema previo de la cooperación militar propuesta en su carta antes de emprender el viaje. En la conversación con Bolívar la propuso de nuevo, lacónicamente, sobre la base de la situación estratégica reducida a números, y Bolívar se negó a cooperar. La suerte estaba echada. Quedaban todavía las ceremonias oficiales: el gran banquete en la noche del 27, del que la historia recuerda los célebres brindis: el de Bolívar: "Por los dos hombres más grandes de la América del Sud: el general San Martín y yo", que encerraba una soberbia pero estricta verdad, y el de San Martín: "Por la pronta conclusión de la guerra; por la organización de las diferentes repúblicas del continente, y por la salud del Libertador de Colombia". Esa misma noche San Martín se embarcó en el Macedonia, de regreso al Perú, sabiéndose vencido. Sólo había obtenido un retrato de Bolívar. Desde Lima respondería enviándole sus pistolas y su caballo de guerra, como significándole que ya no volvería a necesitarlos.

San Martín era dueño de una voluntad probada en las más difíciles circunstancias y capaz de los mayores estoicismos. Tomar una resolución era ponerla en práctica. Desde Lima escribe a Bolívar su despedida —28 de agosto de 1822—, convencido como está de que su presencia es el único obstáculo para que las armas colombianas concurran a terminar la dura campaña. En esa carta dice con amargura: "Los resultados de nuestra entrevista no han sido los que me prometía para la pronta terminación de la guerra. Desgraciadamente, yo estoy íntimamente convencido de que no ha creído sincero mi ofrecimiento de servir bajo sus órdenes, con las fuerzas de mi mando, o que mi persona le es embarazosa". Hace referencia después a los casi 20.000 soldados con que cuentan los realistas y confiesa no poder oponerles más de 8.500 hombres. "En fin, General —agrega—, mi partido está irrevocablemente tomado. Para el 20 del mes entrante he convocado el Primer Congreso del Perú y al día siguiente de su instalación me embarcaré para Chile, convencido de que mi presencia es el obstáculo que le impide a usted venir al Perú con el ejército de su mando".

La abdicación de San Martín es un acto de sacrificio personal y renunciamiento pocas veces igualado en la historia. Es todavía el primer mandatario del Perú y, para dejar de serlo, debe reunir el Congreso y depositar ante esa representación las insignias del mando. Así lo hace y sus palabras en la ocasión son simples y claras, como todas las suyas. De los peruanos se despidió con un manifiesto: "Presencié la declaración de independencia de los Estados de Chile y el Perú; existe en mi poder el estandarte que trajo Pizarro para esclavizar el Imperio de los Incas, y he dejado de ser un hombre público; he aquí recompensados con usura diez años de revolución y de guerra. Mis promesas para con los pueblos en que he hecho la guerra están cumplidas: hacer la independencia y dejar a su voluntad la elección de sus gobiernos.

La presencia de un militar afortunado, por más desprendimiento que tenga, es temible a los Estados que de nuevo se constituyen". Al Congreso le dijo: "Resuelto a no traicionar mis propios sentimientos y los grandes intereses públicos, séame permitido manifestar que la distinguida clase a que el Congreso se ha dignado elevarme —había sido designado Generalísimo de los ejércitos de mar y tierra del Perú, que él mismo había creado—, lejos de ser útil a la Nación si la ejerciera, frustraría sus propios designios, alarmando el celo de los que anhelan por una verdadera libertad; dividiría la opinión de los pueblos y disminuiría la confianza que sólo puede inspirar el Congreso con la absoluta independencia de sus decisiones". El Congreso insistió en su resolución y San Martín en su renuncia. En esa oportunidad los congresistas le acordaron el título de "Fundador de la Libertad del Perú" y le autorizaron el uso perpetuo de la banda bicolor de que se había despojado.

Con esos honores y llevando en su poder el Estandarte de Pizarro, se retiró San Martín del Perú. Su estrella lo había traído a América a luchar por la independencia del Continente. El fin de la campaña estaba próximo, pero se negó a sí mismo la gloria de terminarla o participar en su terminación.

Había tenido siempre una meta. Ahora, despojado de todo poder, iniciaba un regreso sin saber adónde se dirigía.

2

Al término del segundo mandato presidencial de Morazán, no habiendo sido electo su sucesor legal, asumió la Presidencia de la Federación, en plena crisis, el Vicejefe don Diego Vigil, a partir del 19 de febrero de 1839. El 12 de ese mes designó al General Morazán jefe del Ejército Centroamericano. Morazán sobrestimó sus fuerzas y, en lugar de rechazar el cargo, como había hecho San Martín en igual circunstancia al dejar el Protectorado del Perú, lo aceptó, creyendo que podría reducir a la obediencia al Pacto Federal a los gobiernos de Nicaragua, Honduras y Costa Rica, que habían reasumido su autonomía. Su genio militar todavía brilló por dos veces en todo su fulgor: el 5 y 6 de abril de 1839 destruyó en Espíritu Santo a las tropas unidas hondureño-nicaragüenses, al mando de Francisco Ferrera y Bernardo Méndez. Rafael Carrera aprovechó el alejamiento de Morazán para apoderarse nuevamente de Guatemala el 13 de abril, es decir, apenas una semana después de la batalla del Espíritu Santo.

En San Salvador la reacción favorable a Morazán dio por resultado su proclamación como Jefe de ese Estado el 8 de julio de ese mismo año, debiendo salir poco después a combatir nuevamente a Ferrera, que había rehecho su ejército. Nuevamente la victoria sonrió al esforzado paladín de la Federación y en San Pedro Perulapán volvió a destrozar a sus enemigos. Antes había debido sofocar un levantamiento en la misma ciudad de San Salvador y después debió pensar en la nueva situación en Guatemala, una vez más en poder de las montoneras de Rafael Carrera, que había reemplazado al Presidente Carlos Salazar, leal a Morazán, por el ex Presidente Mariano Rivera Paz, leal a los conservadores.

La guerra volvía a comenzar bajo signos poco favorables para Morazán, que veía derrotar al General Cabañas a las puertas de Tegucigalpa y que, sin poder cubrir su retaguardia, se lanzaba a la nueva campaña de Guatemala. El 18 de marzo de 1840 Morazán atacaba la capital y la tomaba en dos horas de combate, pero sin destruir las tropas de Carrera, que fueron hábilmente sacadas de la ciudad. Los papeles se invirtieron y el atacante victorioso se convirtió en sitiado, sin esperanzas de recibir refuerzos y jaqueado por un ejército que numéricamente triplicaba al suyo y aumentaba cada día con los indígenas que bajaban de la montaña. El desastre pudo haber sido total, sin la decisión de abandonar la ciudad, que puso en práctica el 18 de marzo, para llegar a San Salvador el 27 con la mitad de las tropas con que había iniciado la campaña.

Morazán regresaba de Guatemala con el mismo espíritu con que San Martín regresaba de Guayaquil. Ambos habían sido heridos de muerte y debieron contemplar con la misma amargura el uno los levantamientos y anarquía reinantes en toda la Federación y el otro los veinte mil realistas que amenazaban a Lima y comprometían toda la obra realizada en el Perú.

El gesto del Libertador en septiembre de 1822 fue repetido por el paladín centroamericano en abril de 1840. Morazán se dirigió a los salvadoreños como lo había hecho San Martín a los peruanos:

"Los enemigos de la unidad de la patria y su grandeza, tomaron primero como arma de combate la reforma de sus leyes, y ahora es mi persona y mi presencia aquí en esta sección que tanto amo la que les molesta y desvela... Si por el firme propósito que siempre he tenido de sostener la unidad e integridad de la patria, me he opuesto tantas veces a las miras y fines criminales de los reaccionarios, castigándolos con la derrota en tantos campos de batalla, ahora que sólo mi persona parece ser el blanco de sus iras, no debo permitir, no, que de nuevo se sacrifique este pueblo valiente y abnegado, empurpurando con su sangre el suelo de la patria... Me alejo, pues, no por cobardía, sino por el mismo sagrado deber con que el destino tiene atado el hilo de mi existencia al porvenir de Centro América. Allá en mi destierro voluntario, sabré esperar... para que los enemigos demuestren con los hechos la sinceridad de sus propósitos de reconstruir bajo mejores bases la unidad de Centro América".

Después de estas declaraciones a la junta de notables reunida para escucharlo, entregó el poder al Consejero Antonio José Cañas y se preparó a abandonar el país.

San Martín dejó el Perú, —20 de octubre de 1822—, después de su abdicación, embarcándose en el bergantín Belgrano, que lo condujo a Chile.

Morazán dejó San Salvador, —8 de abril de 1840—, embarcándose en la goleta Izalco, que lo condujo a Costa Rica.

Las aguas del Pacífico fueron testigos mudos de sus mutuos desencantos.

LAS VICISITUDES DEL EXILIO

San Martín y Morazán conocieron la ingratitud de sus contemporáneos y la impresión de haber sido olvidados por los pueblos por cuya libertad y bienestar se dieron tan generosamente. El exilio por el que optaron, cuando aún podían mantenerse en las primeras magistraturas que hasta ese momento ocupaban, fue una decisión tomada en parecidas circunstancias y bajo un mismo pensamiento: evitar males mayores y la prolongación de una lucha estéril, en la que sus propias personas aparecían comprometidas. Sus dos renunciamientos son aleccionadores en nuestros países donde el apego al poder es la norma. La entereza con que soportaron las horas del destierro no fue menos ejemplar.

1

No nos sería fácil adivinar los pensamientos de San Martín navegando por las aguas del Pacífico, dejando tras él el poder y la gloria. San Lorenzo, Chacabuco, Maipo y Lima ya eran páginas de la historia. La lucha continuaba tras suyo y el alejamiento que se imponía era su forma de contribuir a una más rápida definición. Por propia decisión se había transformado, desde que embarcó en la Belgrano, en un peregrino sin otra meta que reunirse con su hija, en cuya educación pensaba, y sin otro deseo que encontrar un sitio tranquilo donde pasar los años finales de su vida. Sus pasos lo condujeron a Chile: Valparaíso; los baños de Cauquenes; Santiago y, al final, el regreso a Cuyo a través de los mismos Andes que había pasado cinco años antes al frente de cinco mil soldados. En las afueras de Mendoza le esperaba su pequeña chacra de Los Barriales, donde se cultiva el maíz y se crían caballos.

Sueña con dedicarse a esas tareas, pero hasta su modesto retiro lo persigue el peso de su fama. No es fácil perder la propia significación, como estoicamente lo deseaba, cuando las pasiones políticas tan cercanas juegan su nombre para inclinar la balanza en uno u otro sentido. Del Perú lo llama Riva Agüero, que no ha sido su amigo; de

Chile le hacen saber la caída de O'Higgins, que sí lo fue, y en Buenos Aires se le teme y hasta se dispone interceptarle el camino, en el supuesto caso de que tomase la ruta de la capital.

Como Morazán en sus momentos de crisis, San Martín no siempre se sobrepone a la amargura que le producen ciertos enconados e injustificados ataques. En el mismo tono en que Morazán dirigió sus célebres reproches a los centroamericanos en el Manifiesto de David, San Martín escribe desde Mendoza: "el nombre del General San Martín ha sido más considerado por los enemigos de la independencia que por los muchos americanos a quienes he arrancado las viles cadenas que arrastraban". Ese estado de ánimo se hace más deprimente al conocer la muerte de su mujer, ocurrida el 12 de agosto de 1823. Para colmo de males, el Gobernador de Santa Fe, el caudillo Estanislao López, le dice en histórica carta:

"Sé de una manera positiva por mis agentes en Buenos Aires que a la llegada de V. E. a aquella capital, será mandado juzgar por el gobierno en un consejo de guerra de oficiales generales, por haber desobedecido sus órdenes en 1817 y 1820, realizando, en cambio, las gloriosas campañas de Chile y el Perú. Para evitar este escándalo inaudito y en manifestación de mi gratitud y del pueblo que presido, por haberse negado V. E. tan patrióticamente en 1820 a concurrir a derramar sangre de hermanos con los cuerpos del ejército de los Andes que se hallaban en la Provincia de Cuyo, siento el honor de asegurar a V. E. que, a su solo aviso, estaré con la provincia en masa a esperar a V. E. en El Desmochado, para llevarlo en triunfo hasta la Plaza de la Victoria".

San Martín tomó su partido. Rechazó el generoso ofrecimiento del caudillo santafesino y viajó solo a Buenos Aires en noviembre de 1823. En la capital rehuyó toda actividad política y se dedicó a su hija y a sus papeles. El 10 de febrero de 1824, casi anónimamente, se embarcó para Europa con el ostensible propósito de buscar un colegio adecuado para su hija. De su fugaz paso por la capital argentina, tan temido por muchos, sólo quedó el sepulcro que mandó construir en la Recoleta para su esposa: "Aquí yace Remedios Escalada, esposa y amiga del General San Martín".

Desembarcó en Inglaterra y luego pasó a Bélgica, instalándose en Bruselas con su hija. Su situación económica era mala, pues todos sus recursos provenían de la renta de su casa en Buenos Aires, que se transformaba en muy poca cosa en Europa, y del sueldo que le había asignado el Gobierno del Perú, al que tarda en formular algún reclamo ante la falta de pago, esperando que la situación mejore. Vive para su hija, para la que escribe máximas llenas de sabiduría. En Bruselas lo visita largamente su hermano menor Justo Rufino, quien, al igual que Juan Fermín y Manuel Tadeo, alcanzó el grado de coronel en los ejércitos del rey.

Hacia 1828, al conocer la guerra de las Provincias Unidas con el Imperio del Brasil, se embarca para Buenos Aires en un intento de ponerse, una vez más, al servicio de su patria en peligro. Llega tarde y regresa sin desembarcar cuando, desde Montevideo, comprende que sólo le queda participar en las contiendas anárquicas que siguen dividiendo a los argentinos. Siempre rehusó tomar partido en las luchas civiles y lo hace una vez más a pesar del generoso ofrecimiento de Lavalle. Regresó a Europa y se instaló en París. El 13 de diciembre de 1832 su hija Mercedes contrajo enlace con don Mariano Balcarce. Mientras tanto, le llueven los llamados de las facciones políticas de Buenos Aires. A todos hace oídos sordos. Igual cosa le ocurriría a Morazán en David, pero, desgraciadamente, el héroe centroamericano no supo resistir el canto de las sirenas. Si lo hubiera hecho, el paralelismo que estudiamos sería casi perfecto. Al apartarse del guión trazado por San Martín, al que casi sin saberlo ajustó su vida, puso a la suya el epílogo dramático que falta en la del prócer argentino.

Alejandro María Aguado, noble español, compañero de armas de San Martín en su primera época militar en España, acudió en auxilio del exiliado en sus momentos más difíciles, cuando habitaba la casa de Grand Bourg, cerca de París. Después ha de designarlo su albacea testamentario. San Martín pasó su vejez en forma tranquila. Su hija le da dos nietecitas: Josefa y Merceditas. Hacia 1845 hace un viaje a Italia, visitando Roma y Nápoles. Vuelve a Grand Bourg donde, en 1843, lo visita un argentino ilustre, Juan Bautista Alberdi, que nos da uno de los mejores testimonios relativos a la prestancia física del desterrado. Alberdi lo encontró: "más joven y ágil que todos los generales que he conocido de la guerra de nuestra independencia"; "su bonita y bien proporcionada cabeza conserva todos sus cabellos, blancos hoy casi totalmente".

Al año siguiente lo visitó Florencio Varela y poco después Domingo Faustino Sarmiento. Dice Rojas, comentando esta última visita y aludiendo al rol jugado por Sarmiento en la educación de su país y del continente:

"Sarmiento sucedió a San Martín en nuestra América para otra epopeya de liberación, y dijérase que fue a Grand Bourg para recibir del Patriarca la sagrada antorcha".

Así, plácidamente, el héroe de los Andes recorría los últimos años de su vida.

2

No nos sería fácil adivinar los pensamientos de Morazán navegando por las aguas del Pacífico, dejando tras él el poder y la gloria. La Trinidad, Gualcho, San Antonio, Espíritu Santo y San Pedro Perulapán ya eran páginas de la historia. La lucha continuaba tras suyo y el alejamiento que se imponía era su forma de contribuir a la más rápida definición. Por propia decisión, desde que embarcó en la Izalco, se había transformado en un peregrino sin otra meta que reunirse con su familia y sin otro deseo que encontrar la tranquilidad que siempre le había faltado en tantos años de constante lucha. Su actitud es tan idéntica a la de San Martín al dejar Lima que hemos podido utilizar las mismas frases para describir el estado de ánimo de ambos en circunstancias análogas. A bordo de la Izalco lo acompañaron los hombres más comprometidos con su régimen. En eso difiere de San Martín, que viajó solo. Con Morazán se embarcan Cabañas, Barrios, Saravia, Salazar, Molina, Guzmán, Vijil, Orellana, Rivas, Ruíz y otros que componen el grupo de los treinta y seis compañeros de lucha que prefieren seguir su suerte. Dice Zúniga que en ese trágico 8 de abril de 1840 se inició la magra expedición de los argonautas del ideal morazánico que todavía dura, sin poder conquistar el vellocino de oro de la reconstrucción nacional.

El 22 de abril la Izalco llegaba a Puntarenas, en Costa Rica, donde los viajeros sufren la primera desilusión: gobernaba el licenciado Braulio Carrillo, que se había proclamado presidente vitalicio. Más tarde Carrera seguiría ese nefando precedente. Morazán se dirigió al gobierno de Costa Rica, pidiendo asilo para algunos de sus compañeros, y se le respondió con un permiso limitado a unos nombres y negado para otros. En definitiva, las cosas se arreglaron a medias y veintitrés de las treinta personas incluidas en la lista presentada por Morazán —con una narración de los últimos acontecimientos de Guatemala— se quedaron en Costa Rica, y siete continuaron viaje con él, que nada había solicitado para sí. Vijil, Álvarez, Silva, Cabañas, Guzmán, Lazo y Cacho continuaron junto con Saravia, Cordero, Orellana, Merino, Ruíz y Gravel, que desde el comienzo estaban de acuerdo en seguir a Morazán.

A principios de mayo, el ahora reducido grupo de emigrados desembarcó en Chiriquí, donde esperaba la mujer de Morazán, ya instalada en David, población entonces colombiana y hoy parte del territorio de Panamá. La casa de David, que todavía se conserva en estado ruinoso, fue para Morazán lo que la chacra cuyana de Los Barriales fue para San Martín: su primera hora de tranquilidad después de más de una década de problemas y conflictos que lo tuvieron por principal protagonista.

En David, Morazán escribió sus Memorias, valioso fragmento autobiográfico que alcanza hasta la primera entrada en Guatemala, el 13 de abril de 1829. Intentó responder —y lo hizo con éxito— a las acusaciones que desde México le hacían Arce y Montúfar. San Martín, en igual disyuntiva, también ensayó la polémica y desde Cuyo respondió a las acusaciones que en Lima se le hacían desde las columnas de La Abeja Republicana, pero no tardó en renunciar a esta lucha que le producía indecible amargura. En esa oportunidad —febrero de 1823— escribió:

"Cuando finalicé mi carrera me propuse no contestar a los tiros de los enemigos, que todo hombre público, por más justificado que sea, se suscita, especialmente en revolución; pero el redactor de La Abeja me ha hecho quebrantar este propósito, al atacar lo más sagrado que el hombre posee: me he acordado que soy padre, y que el honor es la única herencia que dejo a mis hijos; sí señor, la única que les transmite el que ha sido árbitro absoluto del destino y fortuna de grandes Estados. El nombre del General San Martín ha sido más considerado por los enemigos de la independencia que por los muchos americanos a quienes he arrancado las viles cadenas que arrastraban".

Las mismas palabras pudo utilizar Morazán desde David al repasar las etapas de su cruzada por la unidad centroamericana. Y, en efecto, prácticamente así lo hizo en su célebre Manifiesto de David, fechado el 16 de julio de 1840, en el que hace duras recriminaciones a los enemigos de los principios liberales y democráticos por los que luchó.

De sus meditaciones en David surgió una rectificación en cuanto a la conveniencia del federalismo en pueblos tan anarquizados. En esa época, y después de tantas dolorosas experiencias, Morazán llegó a la conclusión de que federalismo y caudillaje bárbaro eran expresiones sinónimas. San Martín, veinte años antes —el 22 de julio de 1820—, se dirigía a los argentinos desde Valparaíso en su famoso "Manifiesto de la desobediencia", que contiene la misma rectificación de principios y la misma denuncia del federalismo como elemento disolvente de la nacionalidad en formación. Escribió en ese documento:

"Pensar establecer el gobierno federativo en un país casi desierto, lleno de celos y antipatías locales, escaso de saber y de experiencia en los negocios públicos, desprovisto de rentas para hacer frente a los gastos del gobierno general, fuera de los que demanda la lista de cada Estado, es un plan cuyos peligros no permiten infatuarse ni aun con el placer efímero de la novedad".

Esas expresiones son aplicables a los Estados centroamericanos en 1840, y Morazán las hubiera suscripto gustoso. En la hora dramática en que redactó su testamento, el Paladín Unionista dejó constancia de ese cambio en su pensamiento político:

"Muero con el sentimiento de haber causado algunos males a mi país, aunque con el justo deseo de procurarle su bien; y este sentimiento se aumenta porque, cuando había rectificado mis opiniones en política, en la carrera de la revolución, y creía hacerle el bien que me había prometido para subsanar de este modo aquellas faltas, se me quita la vida injustamente".

Al dar su vida por su causa, sólo lamenta no poder dar nada más.

Hasta su refugio de David, como hasta la ínsula cuyana de San Martín, llegan los llamados de los amigos dispersos en los distintos escenarios de sus antiguas campañas. Sus compañeros de emigración le escriben sobre las cosas de Costa Rica, señalándole lo impopular de la dictadura vitalicia de Carrillo. Es entonces cuando decide la continuación de su peregrinaje para alejarse más de las pasiones políticas y, tras las huellas de San Martín, se dirige al Perú, donde aquél cumpliera la parte más importante de su misión. Su admiración por los grandes capitanes de la revolución de la América del Sur —San Martín y Bolívar— lo conducía a Lima, meridiano común y última etapa en la epopeya libertadora de ambos.

También se ha dicho, sin documentación que respalde la afirmación, que el Presidente del Perú, Mariscal Agustín Gamarra, recurrió a sus servicios con el propósito de confiarle el mando de una división peruana, en momentos en que su país se encontraba en guerra con Chile. Lo real es que, cuando Morazán llegó a Lima, Gamarra ya se encontraba en el frente de guerra, y no se conoce ningún intento suyo para participar en esa lucha fratricida que le era ajena. Por el contrario, de su correspondencia resulta que proyectaba continuar su viaje a Chile, pero como simple viajero, quizá tras las huellas del gran capitán que había proclamado la independencia de aquel país, al igual que la del Perú.

Morazán pasó días felices en Lima. Aquella sociedad acogedora lo recibió en su seno y lo rodeó de afectos. Entre sus amigos se contaron los Generales José Rufino Echenique y Pedro Bermúdez. Este último había estado proscripto en Costa Rica y lo había conocido en 1835; además, se había casado con una bella centroamericana, natural de Cartago, todo lo cual hizo que tomara parte activa en los posteriores planes de Morazán, cuando el proscrito decide emprender el retorno al saber a su patria amenazada por fuerzas extranjeras.

LOS RETORNOS FRUSTRADOS

San Martín intentó dos veces el retorno a Buenos Aires. La primera, al tener noticias de la guerra con el Brasil —1825 a 1827—, y la segunda, al conocer la agresión europea contra el Río de la Plata en 1838, oportunidad en que ofreció sus servicios a Rosas. Morazán, que resistió el llamado de sus amigos que lo incitaban a la lucha por sus viejos ideales, cambió de opinión al saber que Gran Bretaña ensayaba una nueva forma de coloniaje en Centroamérica, apoyando las invasiones mosquitas en las costas del Caribe y apoderándose de la Isla de Roatán. El mismo impulso movió a los dos veteranos de las guerras americanas: acudir en defensa de la patria amenazada por fuerzas extranjeras. Veamos cómo uno y otro se desempeñaron ante esas agresiones que señalan el último capítulo de sus respectivas actuaciones públicas.

1

La invasión de la Banda Oriental del Uruguay en 1825 por tropas del Imperio del Brasil dio lugar a que las Provincias Unidas le declararan la guerra, que duró hasta 1828. San Martín vaciló en ofrecer sus servicios al Gobierno de Rivadavia, con el que nunca se entendió, pero a la caída de éste escribió desde Bruselas a Vicente López y Planes, que había asumido la presidencia, para ponerse a su disposición. Embarcó de incógnito para Buenos Aires, llegando en febrero de 1829. La guerra con el Brasil había terminado con victorias por tierra y por mar, pero con un desastre político al sublevarse el ejército que retornaba al mando de uno de los oficiales de los Andes, el ahora General Juan Lavalle. Tomás Guido, su amigo de siempre, lo invitó a salvar a la patria. Para ello era necesario intervenir en las luchas de facciones. San Martín rechazó esa y otras tentativas y, sin esperar, se dirigió a Montevideo, donde pasó dos meses. Hasta allí le llegan cartas y emisarios de Lavalle, que pretende recurrir al prestigio de su espada en un intento de someter a los "colorados" de la campaña, levantados contra el gobierno unitario de Buenos Aires.

Nuevo rechazo de San Martín que, a mitad de abril, se embarca para Europa, donde ha quedado su hija, el único afecto familiar que lo liga al mundo.

En 1838, la Confederación Argentina, ya bajo el dominio absoluto de Juan Manuel de Rosas, se vio envuelta en un nuevo conflicto internacional, como consecuencia del bloqueo del Río de la Plata, resuelto por el almirante francés Leblanc, que pretendía se dejara sin efecto la incorporación al ejército de súbditos franceses y reclamaba el pago de indemnizaciones. Rosas no aceptó estas imposiciones y su intransigencia fue aprobada por la Sala de Representantes. San Martín, que vivía en París, no vaciló en condenar la actitud francesa y se puso a disposición del gobierno de Buenos Aires: "si lo creen útil partiré inmediatamente a prestar mis servicios militares en el puesto que se designe". Rosas le contestó agradeciéndole el ofrecimiento y lo estimuló a ser útil a su país desde la posición que le daba su residencia en Francia. De los buenos términos de la relación entre ambos da testimonio el nombramiento que Rosas expide al año siguiente, designándolo Ministro Plenipotenciario de la Confederación ante el gobierno del Perú. El Ministro de Relaciones Exteriores, Arana, se lo comunica por nota del 18 de julio de 1839, y San Martín contesta desde Grand Bourg el 30 de octubre de ese año, rechazando el cargo:

"Si sólo mirase mi interés personal, nada podría lisonjearme tanto como el honroso cargo a que se me destina".

Su renuncia la funda en que, después de su salida de Lima, "el Congreso del Perú me nombró Generalísimo de sus ejércitos, señalándome al mismo tiempo una pensión vitalicia de nueve mil pesos anuales: esta circunstancia no puede menos que resentir mi delicadeza al pensar que tendría que representar los intereses de nuestra República ante un Estado al que soy deudor de favores tan generosos".

El proscripto sabe también que el Perú le debe sueldos atrasados y que son muchos los peruanos que piensan en él en cada una de las crisis políticas que se suceden desde su alejamiento. Una vez más, el horror a ser juguete de las facciones.

En 1845 tiene lugar una nueva intervención extranjera en el Río de la Plata. Las fuerzas de Rosas sitian a Montevideo y las escuadras unidas de Francia y Gran Bretaña, comprometidas con los unitarios que defienden la capital oriental, prestan su ayuda apresando buques de la Confederación e imponiendo —18 de septiembre de 1845— el bloqueo de las comunicaciones marítimas. Una expedición anglo-francesa remonta el Paraná y es atacada durante todo el recorrido hasta Asunción del Paraguay. San Martín, siempre en su retiro de Grand Bourg, escribe al representante consular de la Confederación en Londres, su amigo Federico Dickson, fuerte comerciante inglés, señalándole los errores de la agresión y lo contraproducente de ese intento extranjero contra Rosas.

También escribió en el mismo sentido al Ministro Binau, con la intención de lograr una modificación de criterio en el gabinete francés. Sus gestiones y el notorio desprestigio de la intervención armada, así como la decisión de Rosas de no dejarse amedrentar, produjeron el cambio deseado y ambos gobiernos europeos decidieron una rectificación en su posición, que se inicia con el envío al Río de la Plata de dos nuevos plenipotenciarios: el Conde Alejandro Walewski, hijo de Napoleón I, por parte de Francia, y Lord Howden, por parte de Gran Bretaña. Las posiciones europeas se ablandan; llegan otros negociadores; pero siempre la intransigencia de Rosas es la misma. San Martín lo admira y desde Nápoles, donde se encuentra en el invierno de 1846, le escribe:

"En las circunstancias en que se halla nuestra patria me hubiera sido muy lisonjero poder ofrecerle nuevamente mis servicios, como lo hice en el primer bloqueo por la Francia";

"Ya que el estado de mi salud me priva esta satisfacción, por lo menos me complazco en manifestar a usted estos sentimientos, así como mi confianza no dudosa del triunfo de la justicia que nos asiste".

Para ese entonces ya estaba redactado su testamento, en cuyo artículo 3° se lee:

"El sable que me ha acompañado en toda la guerra de la independencia de la América del Sud le será entregado al General de la República Argentina don Juan Manuel de Rosas, como prueba de la satisfacción que como argentino he tenido al ver la firmeza con que ha sostenido el honor de la República contra las injustas pretensiones de los extranjeros que trataban de humillarla".

2

El retorno de Morazán también se produce "contra las injustas pretensiones de los extranjeros que tratan de humillar a su patria". Después de cuatro meses de estadía en Lima, tiene conocimiento del levantamiento de los mosquitos en la costa norte y de las ocupaciones inglesas en las islas cercanas a la costa de Honduras. Decide el retorno y fleta El Cruzador, y lo equipa debidamente con recursos que le facilita su amigo, el General Bermúdez. Salió del Callao a fines de diciembre de 1841 con los Generales Cabañas y Saravia, los Coroneles Orellana y Escalante, el Capitán Gómez y los Tenientes Molina y Escalante. El Cruzador hizo escala en Guayaquil, donde Morazán fue recibido por el poeta Joaquín Olmedo, el que veinte años antes, en el mismo lugar, recibiera a San Martín. Las escalas de uno y otro tuvieron la misma motivación: eran peregrinos en busca de auxilios para sus causas en peligro. Morazán recolectó algunos hombres que se incorporaron a sus reducidas falanges; San Martín comprendió que, para que el Perú recibiera la indispensable ayuda de Bolívar, era necesario su sacrificio personal.

En la siguiente escala, en Chiriquí, Morazán tuvo oportunidad de abrazar a su mujer e hijos e incorporar nuevos voluntarios; en La Unión contrató tres embarcaciones y se le incorporaron cuatrocientos veteranos salvadoreños y hondureños. Desde este último puerto se dirigió a todos los gobiernos centroamericanos en una extensa nota, fechada el 16 de febrero de 1842. En ella dice:

"...ni las persecuciones de mis amigos, ni las excitaciones continuas de los que eran perseguidos en el interior de la República, habían podido variar la conducta neutral (sanmartiniana, pudo decir...) que he observado en los veintidós meses de mi espontáneo destierro. Esta conducta habría sido invariable para mí, si un suceso tan inesperado como sensible no me hubiese hecho mudar de resolución, en fuerza de los nuevos deberes que así lo prescribían, y de ese sentimiento nacional irresistible para aquellos que tienen un corazón sensible para su patria".

Hace referencia al llamamiento a tomar las armas en defensa de la integridad territorial, que formuló a todos los centroamericanos el Presidente de Nicaragua el 22 de agosto anterior, del que tomó conocimiento en circunstancias en que proyectaba embarcarse para la

República de Chile, señalando que ese llamamiento lo decidió a unir su suerte con la de los defensores de la República. Pide —al igual que San Martín en una carta a Rosas— se señale a él y a sus compañeros el lugar que debe ocupar y el jefe a quien obedecer.

Refiriéndose a la ocupación de San Juan del Norte por los moscos, protegidos por los ingleses, dice que es un golpe mortal si la República lo tolera:

"porque a mi modo de ver está cifrada su existencia nacional, la consolidación de un gobierno y su bienestar y grandeza, en la apertura del gran canal oceánico por el propio puerto de San Juan".

"Si consultamos la historia —agrega—, veremos en ella que el derecho de las grandes naciones se ha fundado en algún tiempo en causas de tal naturaleza, que sólo habrían excitado la burla y el desprecio si no hubiesen sido sostenidas con las armas, y este abuso funesto para los pueblos débiles que la ambición ha sancionado tantas veces y legitimado el derecho del más fuerte, se ha repetido por desgracia en nuestros días. Con igual motivo a los que han servido para usurpar este puerto, podrían más tarde ocuparse las capitales de los Estados, porque la codicia no conoce límites cuando encuentra un débil pretexto en fundar sus pretensiones y un apoyo en la arbitrariedad de un gabinete poderoso".

La generosa oferta de Morazán, como en su oportunidad la de San Martín al ver a su patria amenazada por potencias europeas, no fue aceptada por los gobiernos centroamericanos; y el de El Salvador le expresó claramente los temores de un recrudecimiento de la guerra civil como consecuencia de una aceptación de sus servicios sin la aprobación de los otros gobiernos aliados. En estas circunstancias, Morazán, que ya contaba con quinientos hombres embarcados en sus cinco naves, se decidió por el retorno al sud, tocando tierra costarricense en el puerto de Caldera, el 7 de abril de 1842.

Braulio Carrillo se sintió amenazado por la sola presencia del caudillo unionista y se aprestó a la defensa de su gobierno, poniéndose personalmente al mando de sus tropas. Ocupó el camino entre San José y la costa del Pacífico con trescientos hombres y preparó en la capital una columna de cuatrocientos soldados que puso a las órdenes del General salvadoreño Vicente Villaseñor. Por su parte, Morazán, el día 9, lanzaba una proclama al pueblo diciendo:

"Costarricenses: han llegado a mi destierro vuestras súplicas y vengo a acreditaros que no soy indiferente a las desgracias que experimentáis. Vuestros clamores han herido por largo tiempo mis oídos y he encontrado al fin los medios para salvaros, aunque sea a costa de mi propia vida".

Como todos los iluminados, tenía el don de la profecía. Estaba anunciando su propio sacrificio en la empresa que iniciaba, la última de su azarosa existencia.

Morazán convocó a la lucha con verbo inflamado por el patriotismo:

"Venid a saludar a la bandera de los libres que de nuevo vuelve a flamear sobre suelo costarricense, después de tantos años de esclavitud y opresión; venid a colocaros en derredor de este emblema de vuestra regeneración política, al lado de tantos compatriotas vuestros, dispuestos a sacrificarse en defensa de sus derechos..."

Se refería a la bandera azul y blanca de la República Federal, que Carrillo había derogado, cambiándola por una de su creación, en la que el azul aparecía en el medio y el blanco a los lados. Triunfante el movimiento unionista, la bandera federal tuvo nueva vigencia en Costa Rica. En 1848 el Presidente Castro Madriz crearía la bandera que todavía es símbolo nacional en su país: azul y blanca con franja roja doble en el medio. Un siglo después, la Junta Fundadora de la Segunda República de Costa Rica, presidida por José Figueres, consagró la bandera federal como símbolo nacional de Costa Rica, sin derogar la bandera de Castro Madriz. En forma indirecta, ese gesto es un homenaje a las ideas unionistas de Francisco Morazán. Para ese entonces, los otros cuatro países de la antigua Federación Centroamericana ya habían consagrado a la bandera azul y blanca como su principal símbolo patrio.

El gobierno de Carrillo ensayó defenderse, pero Morazán, como siempre, fue mejor estratega. Evitó el encuentro con las tropas que le cerraban el camino a San José y luego, aprovechando un llamamiento a la paz formulado por el mismo Carrillo, invitó a Villaseñor —que comandaba las fuerzas gubernamentales— a parlamentar para evitar el derramamiento de sangre. Así se firmó el Acta de El Jocote, en la que se establecía que ambos ejércitos se fundirían en uno solo, la convocatoria de una Asamblea Nacional Constituyente y la salida de

Carrillo del país con garantía para su vida e intereses. Carrillo aceptó lo pactado, solicitando extensión de las garantías a otros miembros de su gobierno y la limitación del tiempo de destierro a dos años, lo que también fue aceptado por los jefes revolucionarios.

Morazán entró triunfalmente en San José el 13 de abril de 1842, habiendo conquistado Costa Rica en cuatro días con un ejército de quinientos hombres. Es cierto que su intervención era esperada como la llegada del Mesías y que su nombre jamás fue más popular en Centroamérica.

Aparentemente era un triunfador, pero en el fondo de su alma tuvo la intuición de su fracaso. Había emprendido su retorno para defender a su patria amenazada por una potencia extranjera, y ahora se encontraba, una vez más, envuelto en la vorágine de las luchas civiles que terminaron por devorarlo.

XII: EL OCASO DE LOS LIBERTADORES

No sin angustia llegamos a la etapa final de las vidas que hemos narrado en forma paralela. Hubiéramos deseado decir que los Libertadores murieron en medio de la veneración de sus conciudadanos y no en el exilio y el cadalso, como en realidad ocurrió. Nuestros pasos nos llevaron un día a la casona de Boulogne-sur-Mer, en la costa francesa, y otro a la Plaza Central de San José de Costa Rica. En esos lugares transcurrieron los últimos instantes de San Martín y Morazán, tranquilos para el longevo héroe argentino; dramáticos y crueles para el hondureño. En ambos nos embargó el mismo sentimiento, la misma patriótica emoción, el mismo respeto por la memoria de esos hombres que, aun ante la muerte y a pesar de la diferente situación en que entregaron sus almas, tuvieron una idéntica serenidad, un igual valor y la misma resignación en esa hora suprema. San Martín, al sentirse morir, pidió que sacaran de la habitación a su hija. Morazán, al ser conducido al lugar de su ejecución, se preocupó para que alejaran a su hijo, que quería acompañarlo hasta el último instante.

Los últimos años de San Martín en su voluntario destierro se deslizan plácidamente y la gloria acaricia su blanca cabellera. Rosas le escribe desde Buenos Aires: "La gratitud de la Confederación Argentina y de la América nunca puede olvidar a usted: lo seguirá a su retiro y siempre honrará su memoria". En 1849 la Legislatura de Buenos Aires escucha el elogio de San Martín, contenido en el mensaje de Rosas. San Martín le escribe agradeciendo ese reconocimiento de sus méritos, al que no está acostumbrado. Sin embargo, con la proximidad de su muerte se acerca la hora de la justicia. El anciano refugiado desde hace catorce años en Grand Bourg ya no es de temer. Todavía Rosas le escribe: "¿Cómo quiere usted que no lo hiciera —se refiere al homenaje— cuando viven entre nosotros sus hechos heroicos y cuando usted que no lo hiciera —se refiere al homenaje— cuan cívicas?" En Chile se dictó un decreto considerándolo por toda la vida en servicio activo y mandando se le abonara el sueldo íntegro correspondiente a su categoría, aun cuando residiera fuera del territorio de la República. Desde el Perú le llegan señales de la misma consideración y respeto por su memoria, anticipo de su gloria póstuma que paladea con suavidad, con un dejo de acidez. Conoce demasiado bien a los hombres para emocionarse ahora que ha cumplido setenta años.

La revolución de 1848 en París lo decide a alejarse de Grand Bourg, vendiendo su casa y trasladándose a Boulogne-sur-Mer, en la costa del Canal de la Mancha. Alquiló el piso alto de la casa que todavía lleva el número 5 de la calle Grande, que atraviesa la ciudad. En Boulogne vivió casi año y medio, hasta el 17 de agosto de 1850, en que se produjo su muerte, rodeado de su hija, yerno y nietecitos, cuando tenía 72 años de edad y había transcurrido un cuarto de siglo desde la época de su última actividad pública.

Su testamento había sido redactado seis años antes en Grand Bourg, cuando su vista aún le permitía escribir con bastante claridad. De su contenido nos ocupamos en el capítulo siguiente.

Juan Manuel de Rosas todavía gobernaba en Buenos Aires. Escribió a Mariano Balcarce, yerno de San Martín, para que trasladase los restos mortales del Prócer a su país, por cuenta del gobierno de la Confederación Argentina. La caída de Rosas impidió por ese entonces la realización del homenaje. Este se concretó en 1878, bajo la presidencia de Nicolás Avellaneda. Desde entonces reposan en la catedral de Buenos Aires, con guardia permanente de soldados del Regimiento de Granaderos a Caballo, por él creado en 1812 y que lo acompañara en todas sus campañas, desde la hora inicial de San Lorenzo hasta el momento de la retirada de Lima.

La descendencia directa del Prócer se ha extinguido. Su hija Mercedes, la Antígona de su vejez, murió el 28 de febrero de 1875; su yerno Mariano Balcarce era Ministro Plenipotenciario de la República Argentina en Francia cuando falleció diez años más tarde, el 20 de febrero de 1885; su nieta María Mercedes falleció soltera en 1860, y la menor, Josefa Dominga, que casó en París con Fernando Gutiérrez Estrada, descendiente de una ilustre familia mexicana, murió en 1924 sin dejar descendencia. Los muebles que lo habían acompañado en Grand Bourg y en Boulogne fueron llevados por Balcarce a la casa de Brunoy, a la que se trasladó con Mercedes después de la muerte de San Martín, lo mismo que sus libros, archivo personal, retratos y demás reliquias. Ellos entregaron al Ministro del Perú en Francia el Estandarte de Pizarro, que había otorgado al Prócer la Municipalidad de Lima; a Bartolomé Mitre, verdadero fundador de la historiografía argentina, el archivo puesto en orden por el propio San Martín en sus últimos años; y a Juan Manuel de Rosas el sable corvo que le legara por expresa disposición testamentaria. Su nieta Josefa Dominga, última heredera directa, entregó muebles, libros, retratos y reliquias al Museo Histórico Nacional de la República Argentina, donde se guardan.

Párrafo aparte merece el destino del sable de San Martín. Los herederos de Rosas lo entregaron al Gobierno después de la muerte de don Juan Manuel. Por muchos años se conservó en vitrina especial en el Museo Histórico Nacional. Los vaivenes políticos de nuestra época hicieron que la sagrada reliquia fuera robada por dos veces y otras tantas recuperada. El Gobierno dispuso su vigilia especial en el Regimiento de Granaderos a Caballo, venerada institución que tiene a su cargo velar las cenizas del héroe y la custodia personal de los Presidentes de la Nación. Este sable sirvió de modelo para la confección de los que reciben, con su grado, los generales del ejército argentino.

2

Después del destierro de Carrillo, que salió para El Salvador, donde moriría tiempo después alevosamente asesinado, Morazán se hizo cargo del gobierno de Costa Rica, dispuesto a cumplir con las estipulaciones del convenio de El Jocote. Se decretó una amnistía para todos los perseguidos por razones políticas, y Costa Rica se abrió como un oasis a la esperanza de los desterrados de los otros regímenes dictatoriales de Centroamérica.

El guatemalteco Saravia fue nombrado Ministro General y el salvadoreño Villaseñor siguió al mando del ejército costarricense, cargo para el que lo había designado de hecho el mismo Carrillo, al encomendarle la defensa de su gobierno. Se dispuso al mismo tiempo que una junta de notables revisara la arbitraria legislación dictada bajo el régimen anterior. Todavía el partido carrillista no se consideraba vencido y en San José y Heredia el depuesto dictador tenía amigos que intentaron resistir al nuevo gobierno implantado a título provisorio. El 29 de mayo de 1842 se produjo el primer conato de resistencia en Alajuela y Heredia, y al día siguiente el gobierno declaró a Costa Rica en estado de guerra. El levantamiento no tuvo mayores consecuencias y Morazán pudo proseguir su labor, anulando la resolución de Carrillo que creaba la presidencia perpetua, irresponsable e inamovible. Se restableció la Constitución de 1825 y el uso de los símbolos de la República Federal Centroamericana —escudo y bandera— sancionados por el Congreso Nacional Constituyente de 1824, y se convocó a elecciones para el 10 de julio, sin intervención de los militares ni de los que con Morazán habían llegado desde la costa de El Salvador.

Los comicios se desarrollaron en orden y el 15 de julio, instalada la Asamblea Constituyente, confirmó a Morazán como jefe provisorio del Estado y le honró con los títulos de Benemérito de la Patria y Libertador de Costa Rica. Morazán, como San Martín, conoció en vida honores que de ordinario sólo otorga la posteridad agradecida a sus muertos ilustres.

El 20 de julio de 1842 la Asamblea dictó una ley promulgada al día siguiente, conforme a la cual se declara:

1°—Que la posición topográfica de Costa Rica, sus intereses, relaciones y simpatías lo llaman a ser parte integrante de Centroamérica, como lo ha sido desde antes del glorioso pronunciamiento de independencia absoluta de la dominación española.

2°—Que por tan justas consideraciones concurrió con los demás Estados a acordar el Pacto de 1824, por el cual se proclamaron y constituyeron en Nación soberana, libre e independiente, acordando las bases para un Gobierno que los representara en el exterior y conservase la unidad nacional, y para darle instrucciones análogas a sus necesidades e intereses, en la capacidad de Estados independientes entre sí y ligados por la Constitución General.

3°—Que si los vínculos de asociación política de los mismos Estados aparecen rotos por las vías de hecho, el pueblo de Costa Rica no ha desconocido la conveniencia de restablecer el imperio de las leyes, darle vida a la República y consolidar la paz, que tanto interesa al honor y bienestar de la misma.

4°—Que una triste experiencia, adquirida con inmensos sacrificios, convence que la dislocación de los Estados los ha comprometido en sus relaciones exteriores y puesto a merced de las disensiones intestinas.

5°—Que Costa Rica no habría sufrido la calamidad con que la afligiera el tirano, si a la sombra de un Gobierno de leyes en la República sus votos no hubiesen sido sofocados por las facciones que eran consiguientes a la completa desorganización de aquéllos; y,

6°—Que para evitar nuevas y dolorosas consecuencias en la marcha política del Estado, es no sólo conveniente y necesario, sino de la más urgente necesidad promover por cuantos medios sean al alcance la reorganización general de la República y el establecimiento en ella de un gobierno liberal, sólido y fuerte, con unanimidad de voto,

Decreta:

Artículo 1°—El Estado de Costa Rica, que por una mano atrevida y criminal fue sustraído de las leyes y autoridades nacionales creadas a virtud del Pacto General, pertenece a la República de Centroamérica, y es y será parte integrante de ella, según lo expresa la Ley Fundamental del 21 de enero de 1825.

Art. 2°—El Estado de Costa Rica quiere decididamente la reorganización de la República a que pertenece, y excita para tan glorioso objeto, e interesa el patriotismo de todos los centroamericanos.

Art. 3°—El Estado de Costa Rica concurrirá con los demás Estados, por medio de sus Representantes electos directamente por el pueblo con amplios poderes, a un gran Congreso o Asamblea Constituyente, que se ocupará de la formación de un nuevo Pacto bajo bases sólidas, que hagan la prosperidad pública y den una verdadera seguridad interior y exterior.

Art. 4°—El Poder Ejecutivo del Estado queda autorizado para obrar como convenga, a fin de que tenga efecto la reorganización de la República y el establecimiento de la unidad nacional, que reclaman altamente los deseos e intereses de los centroamericanos.

Comuníquese al Poder Ejecutivo para su cumplimiento y publicación.

Dado en la ciudad de San José, a los veinte días del mes de julio de mil ochocientos cuarenta y dos.

En virtud de esta ley, Morazán dedicó todos sus esfuerzos a la preparación del ejército expedicionario que debía hacerla cumplir. El último artículo lo autorizaba a obrar como mejor convenga, y los ideales por los que siempre había luchado lo impelían a buscar la reconstrucción de la República y no a limitarse a ejercer un plácido gobierno en una de sus parcelas. La Asamblea respaldó su obra designando oficialmente al ejército con el nombre de División Libertadora.

Por ese entonces, conmovió al pueblo costarricense el fusilamiento del coronel guatemalteco Manuel Ángel Molina, hijo del prócer de la independencia don Pedro Molina, ordenado como consecuencia de la sublevación y posterior asesinato del general salvadoreño Enrique Rivas, en una obscura historia originada en las infidelidades de una belleza de la época, a cuyos favores aspiraban a la vez Molina y el teniente Eduviges Guillén, edecán del general Rivas. Este desgraciado suceso dio mucho que hablar y fue aprovechado por los dispersos carrillistas para fomentar el descontento contra Morazán, que encontró eco en los medios populares poco inclinados a emprender la aventura centroamericana a que los invitaba el caudillo, en cumplimiento de la ley sancionada y de sus propias miras unionistas.

José María Alfaro debe ser considerado como la cabeza de la conspiración que se preparó en la primera quincena de septiembre, cuando Morazán llevaba apenas cinco meses en el gobierno. El coronel Florentino Alfaro, su hermano, jefe de la guarnición de Alajuela, aparece como el conductor militar. Ambos son responsables del pronunciamiento fechado en Alajuela el día 11 de septiembre, en el que se reprocha a Morazán la coacción que ejerce para reclutar sus tropas, así como las exacciones de dinero y el descontento producido en la población, por lo que se le niega obediencia y se le invita a salir del país, garantizándole su vida y la de su familia. En una palabra, se acusa a Morazán de ser Morazán y sostener la doctrina unionista en la forma que había sido autorizada expresamente por la Asamblea Nacional Constituyente de Costa Rica. Los revolucionarios hacían suyos los conceptos vertidos en un manifiesto lanzado por Rafael

Carrera desde Guatemala el 8 de agosto anterior. El portugués Antonio Pinto apareció como la cabeza visible de la revuelta, denunciando con esa jefatura el origen carrillista de la misma. Una hija de Pinto estaba casada con Domingo Carranza, cuñado de Braulio Carrillo.

Morazán, en un primer momento, no asignó trascendencia a la conjura contra su gobierno y quedó a la expectativa, en su afán de ahorrar sangre que necesitaba para empresas mayores. Hubo ataques esporádicos en la capital durante los días 11 y 12, pero en la noche de este último llegaron las tropas desde Alajuela al mando de Alfaro, y Morazán se vio constreñido a refugiarse en el cuartel principal, con reducidas tropas, ya que habían defeccionado los costarricenses y una parte de los efectivos a sus órdenes se encontraban en Puntarenas. Hubo incidentes que prueban hasta qué punto el general estaba familiarizado con la posibilidad de la muerte, ya que él y el general Cabañas fueron heridos levemente por disparos de armas de fuego, y su mujer e hija quedaron en poder del enemigo y estuvieron a punto de perder la vida. El día 13, los atacantes habían aumentado su número y rechazado las tropas que intentaban desde Cartago socorrer a Morazán. Se iniciaron negociaciones para interrumpir la lucha, pero no llegaron a concretarse, aunque han quedado algunas cartas como testimonio de las esperanzas de los dos bandos.

El 14, a las cuatro de la mañana, Morazán resolvió romper el cerco y, al frente de unos 350 soldados al mando de Cabañas, salió en dirección a Cartago, donde esperaba encontrar una guarnición que hasta entonces le había sido leal. Ya en la ruta, Cabañas fue encargado de cubrir la retaguardia, mientras Morazán, Saravia, Villaseñor y varios oficiales, entre los que se contaba José Antonio Ruíz, hijo natural del caudillo, se adelantaban hacia Cartago para dirigirse al domicilio del jefe de la guarnición, coronel Pedro Mayorga, sin saber que éste se había incorporado a las fuerzas de Pinto y Alfaro.

La casa de Mayorga no tardó en ser rodeada por fuerzas revolucionarias y, por su parte, el general Cabañas se dejó sorprender y sus fuerzas fueron dispersadas, quedando inhábil para socorrer a sus amigos. Morazán no aceptó la idea de huir, propuesta a tiempo por la propia mujer de Mayorga, confiando en que su vida sería respetada si ordenaba el cese de toda resistencia. Era ya tarde, porque nuevas fuerzas, al mando del capitán José Castro, llegaron a Cartago después de haber dispersado a los trescientos hombres de Cabañas, y Morazán fue declarado prisionero de guerra.

Saravia y Villaseñor intentaron suicidarse, y este último se infirió una puñalada en el pecho. Esa misma tarde, siempre en la casa de Mayorga, se colocaron grillos en los pies de los prisioneros. Al hacerlo con el general Saravia, éste tomó una dosis de estricnina que llevaba en su poder, muriendo en el acto. Morazán y Villaseñor pasaron la noche en compañía del doctor Alvarado, el teniente Vijil y el hijo menor del caudillo, Francisco Morazán Moncada, todavía muy joven. En la mañana del 15 de septiembre, los prisioneros recibieron la visita del vicario de la curia, que conversó largamente a solas con Morazán. De inmediato se dispuso la salida para San José, siempre bajo la custodia de los soldados del capitán Castro.

A las cinco de la tarde llegaron a la capital. El pueblo, desangrado por tres días de lucha, los recibió con respeto, aunque en su informe el coronel Antonio Pinto señala que de todas partes le pedían la ejecución inmediata, recibiendo amenazas contra su vida en el caso de no proceder en esa forma. Pinto se resolvió rápido:

"Tales consideraciones me pusieron en la dura necesidad de mandar ejecutar a los generales Morazán y Villaseñor, no permitiendo las circunstancias trámite alguno, ni más tiempo que el de tres horas para que se dispusiesen a la muerte".

Apenas se realizó un interrogatorio informal, del que no quedó constancia escrita. Los condenados fueron sacados del Cuartel Principal y conducidos a la esquina suroeste de la plaza —hoy Parque Central de San José—, Morazán por sus propios medios y Villaseñor en una silla, dado su lamentable estado a raíz de la herida que se había inferido. Era el atardecer del 15 de septiembre, aniversario de la independencia centroamericana.

Morazán no aceptó vendas ni banquillo. Se despidió de Villaseñor diciéndole:

"Querido amigo, la posteridad nos hará justicia".

Permaneció de pie y descubierto, y fue autorizado a dar la voz de fuego. Se santiguó y ordenó:

"¡Soldados... preparen armas... apunten... fuego!"

Testigos presenciales señalaron que se condujo como en una parada militar.

La noticia de la muerte de Morazán fue saludada como una liberación por los gobernantes centroamericanos, que se sentían amenazados por la campaña que aquél preparaba. En la misma Tegucigalpa, el padre Trinidad Reyes —por tantos conceptos digno del cariño que los hondureños le guardan— ordenó echar a vuelo las campanas de su iglesia. Los idealistas del unionismo centroamericano estaban vencidos y dispersos. Pasarían años antes que la posteridad hiciera justicia a la memoria del legendario luchador.

Morazán apenas tuvo tiempo para redactar su testamento, pero, a pesar de esa circunstancia y su natural estado de ánimo, una vez más coincidió con la forma de pensar de San Martín, que por ese entonces todavía no había redactado el suyo. Por esta vez los términos del paralelismo se invierten y es Morazán quien testa y muere primero. Comparamos esos documentos en el capítulo siguiente.

La descendencia de Morazán es numerosa. Su hija Adela casó con el licenciado Cruz Ulloa y tuvo cuatro hijos. Sus dos hijos naturales fueron el general Antonio Ruíz, reconocido en ese grado militar por los gobiernos de Honduras y El Salvador, que casó con doña Dolores López y tuvieron un hijo que murió de poca edad, y Francisco Morazán Moncada, que al igual que Antonio Ruíz vivió siempre con su padre y su madre adoptiva, casó en Nicaragua con doña Carmen Venerio y procreó tres hijos.

"Mi amor a Centroamérica muere conmigo", escribió Morazán al redactar sus últimos pensamientos. Expresó así su fidelidad al ideal por el que daba su vida. Ese ideal no ha muerto con él, y repetidamente los pueblos centroamericanos intentaron realizarlo: el Pacto de León de 1849; la tentativa de Barrios de 1885; el Pacto de Unión Provisional de 1889; el Pacto de Amapala de 1895, que creó la República Mayor; y el Pacto de la Organización de Estados Centroamericanos (ODECA), todavía vigente a pesar de las dificultades de los últimos dos años, señalan etapas que reflejan que el ideal morazánico de unidad centroamericana es el principio político de mayor vigencia en los países del istmo.

XIII: LOS TESTAMENTOS GEMELOS

Casi al mismo tiempo pero, según hemos visto, en muy distintas circunstancias, Morazán y San Martín redactaron sus respectivos testamentos. Morazán lo hizo en ese fatídico 15 de septiembre de 1842, poco antes de la ejecución de la sentencia de muerte dictada en su contra sin juicio previo. San Martín fechó el suyo el 23 de enero de 1844, un año y medio más tarde. Las dramáticas razones que ponían precipitado fin a la vida del hondureño lo obligaron a anticiparse por una vez al argentino, cuyos principales gestos había seguido hasta entonces con inadvertida y extraordinaria fidelidad.

Ambos documentos constan exactamente de cuatrocientas noventa y dos palabras y contienen siete cláusulas dispositivas o declarativas, numeradas cardinalmente en el de San Martín y precedidas de la palabra "declaro", en el de Morazán.

Ambos documentos tienen una cláusula adicional, de puño y letra del autor en el caso de San Martín; agregada por el albacea testamentario en el de Morazán. En ella, el primero disponía del estandarte de Pizarro, que era su bien más preciado, y el segundo de sus cenizas, que era cuanto dejaba.

Ambos documentos se inician, prácticamente, con la misma frase. Morazán dice: "En nombre del autor del Universo en cuya religión muero". San Martín escribe: "En nombre de Dios todopoderoso a quien reconozco como hacedor del Universo". Las dos fórmulas denuncian las claras influencias ideológicas que ya hemos señalado, corroboradas en uno y otro caso por la falta de toda otra referencia a misas, mandas o invocaciones religiosas.

Ricardo Rojas anota en El Santo de la Espada que si se compara el testamento de San Martín con el de su madre, puede verse la diferencia de dos épocas y de dos concepciones religiosas. "El hijo creía en Dios y aunque se había casado por la Iglesia como sus padres y respetado el culto católico en los pueblos que gobernó, sabemos que su sentimiento religioso era el de un cristiano libre, deísta convencido y resignado; pero veía en la Iglesia un instrumento para la disciplina social". Tales son las ideas que al volver del Perú debió exponer a Mrs. Graham, y que ésta interpretó mal, pues lo creyó ateo. Rojas agrega: "Al clero en Cuyo, en Chile y en el Perú, lo había sometido a su autoridad, ejerciendo, a veces, funciones episcopales o desterrando a clérigos realistas. En el Perú había desterrado al Arzobispo de Lima y a varios obispos por realistas, sin respetar sus jerarquías eclesiásticas. Algunos, sabedores de sus logias, lo creían masón (como lo eran el general Balcarce y otros jefes de su ejército); pero si no era masón, sus ideas sobre el Sumo Arquitecto y los deberes del hombre lo acercan a la más pura enseñanza de las iniciaciones antiguas. A su hija habíale enseñado en sus máximas a respetar igualmente todas las religiones. San Martín no recibió la eucaristía para morir".

Este párrafo del biógrafo de San Martín que más ha contribuido a su santificación cívica puede ser aplicado íntegramente a Morazán. Sustituyendo Cuyo, Chile y el Perú por Honduras, El Salvador y Guatemala; el nombre del Arzobispo de Lima por el del Arzobispo de Guatemala; el del General Balcarce por el de Dionisio de Herrera, observaremos, a través de las ideas subrayadas, que la coincidencia es total. Analicemos las disposiciones de estos documentos extraordinarios.

1

San Martín, que en el curso de su largo destierro logró poner en orden sus escasos recursos, designó como heredera de sus bienes a su única hija, con el encargo de pasar una pequeña pensión a su hermana, que todavía vivía en España. Declara no deber ni haber debido nada a nadie y hace un elogio de la conducta de su hija y yerno y del constante cariño que le han profesado. Por el artículo 4º prohíbe que se le haga ningún género de funeral y dispone que desde el lugar en que falleciese se le conduzca directamente al cementerio sin ningún acompañamiento, agregando: "pero sí desearía que mi corazón fuese depositado en el de Buenos Aires".

En medio de estas normas familiares dictadas por el amor a los suyos, a quienes dedica sus consejos sobre la educación de sus nietas, aparecen tres chispazos de su pasado guerrero: la inicial enumeración de los títulos que le han acordado tres gobiernos: Generalísimo de la

República del Perú y Fundador de su Libertad; Capitán General de la de Chile y Brigadier General de la Confederación Argentina; en el artículo 3° el recuerdo de su sable, y en el artículo adicional la disposición relativa al Estandarte de Pizarro, que le donara la Municipalidad de Lima.

Sus legados póstumos son los que han hecho correr más tinta. Don Juan Manuel de Rosas es la figura más discutida de la historia argentina. Gobernó el país en forma dictatorial por más de veinte años, con la oposición de los hombres más ilustres y los más esclarecidos intelectuales de su época. Entre sus enemigos se contaron muchos de los oficiales formados en las filas de los ejércitos libertadores de San Martín. Ya conocemos la natural repulsa del Prócer a participar en las luchas internas de los países en que actuó. Era su norma no tomar partido, y esa es la razón que lo obligó a rechazar el ofrecimiento que le formuló Lavalle en oportunidad de su frustrado retorno a Buenos Aires y la embajada que años después le ofreció Rosas. No podía escapar a su sensibilidad la significación que tendría la donación de su sable al omnipotente gobernante argentino. Por eso es terminante al fijar las razones que lo impelen a adoptar su decisión: "El sable que me ha acompañado en toda la guerra de la independencia de la América del Sur le será entregado al General de la República Argentina don Juan Manuel de Rosas, como una prueba de la satisfacción que como argentino he tenido al ver la firmeza con que ha sostenido el honor de la República contra las injustas pretensiones de los extranjeros que trataban de humillarla". No aplaude ni critica la obra de Rosas como gobernante. Se pronuncia exclusivamente sobre la entereza del argentino que, como él, antepuso toda consideración a la defensa del honor y la integridad territorial de su patria. Los herederos de Rosas donaron esa reliquia al Museo Histórico Nacional de Buenos Aires, donde se conservó por muchos años, hasta que después de dos sucesivas desapariciones seguidas de afortunadas recuperaciones, fue puesto bajo la custodia del Regimiento de Granaderos a Caballo. También la espada de Morazán ha sufrido dos desapariciones, pero aún falta la segunda reaparición de la reliquia para que igualmente en este caso el paralelismo se cumpla. Lo deseamos muy hondamente para que ocupe en el futuro Museo Histórico de Honduras el lugar honroso que le corresponde.

El segundo legado del testamento de San Martín está contenido en el artículo adicional, redactado de su puño y letra al igual que todo el documento: "Es mi voluntad que el Estandarte que el bravo español don Francisco Pizarro tremoló en la conquista del Perú, sea devuelto a esta República (a pesar de ser una propiedad mía) siempre que sus gobiernos hayan realizado las recompensas y honores con que me honró su primer Congreso". Quizás por esa condición final sus herederos demoraron el cumplimiento de la disposición del testador. En 1861, los restos de San Martín fueron trasladados de Boulogne a la Iglesia de Brunoy, para ser depositados en la tumba de su nieta María Mercedes. No hubo ceremonia, pero su hija dispuso que el Estandarte de Pizarro cubriera el féretro. Al día siguiente de esa segunda inhumación, la reliquia fue entregada al Ministro Plenipotenciario del Perú en Francia. El sencillo acto fue presenciado por otros representantes americanos acreditados en París, entre ellos Juan Bautista Alberdi, Ministro Plenipotenciario de la Confederación Argentina. Una copia de esa reliquia, pintada por la hija de San Martín, se exhibe en el Museo Histórico Argentino. El original, que se conservaba en el Palacio de Gobierno de Lima, fue robado en un motín.

Sus cenizas fueron trasladadas a la Argentina en 1878. Desde entonces descansan en la catedral metropolitana, con lo que tuvo fiel cumplimiento la última de sus disposiciones testamentarias: "desearía que mi corazón fuese depositado en el de Buenos Aires".

2

Morazán no escribió su testamento sino que lo dictó a su hijo Francisco, que lo acompañó hasta sus últimos instantes y que no quería separarse de su padre ni aun ante el cadalso. Lo hizo en las últimas horas de la tarde del 15 de septiembre, apenas notificado de que tenía tres horas para prepararse a morir. Antes de firmarlo hizo dejar constancia de que deseaba que el documento fuera impreso en la parte que tiene relación con su muerte y los negocios públicos. El señor Cruz Lozano, apoderado de la señora de Morazán, a su vez dejó constancia de que lo publicaba íntegramente y no como el testador ordenó que se imprimiese. En la misma advertencia dejó igualmente constancia de la cláusula adicional dictada por Morazán a su hijo

Francisco y al señor Mariano Montealegre, conforme a la cual encargaba a su albacea el traslado de sus cenizas a San Salvador, por ser el pueblo que mejor le había correspondido. Cruz Lozano publicó este documento por primera vez en la ciudad de San Salvador el 31 de julio de 1843, cuando todavía no había transcurrido un año de la muerte del Paladín y estaban vivos los dos testigos citados por él. Uno de esos ejemplares impresos se conserva en la Universidad de California, en Berkeley, y fue reproducido por Ricardo Dueñas en su Biografía del General Francisco Morazán.

Comienza por aludir a la ironía del destino que lo hace morir un 15 de septiembre "Día del Aniversario de la Independencia, cuya integridad he procurado mantener", para continuar con la invocación al "Autor del Universo en cuya religión muero". La primera es una frase clara y guarda relación con otra pronunciada en horas de la mañana al hacer su entrada a San José en carácter de prisionero de guerra y observar la multitud que lo esperaba: "¡Con qué solemnidad celebramos el Día de la Patria...!"; la segunda es ambigua y ha dado lugar a muchas inútiles discusiones. Si Morazán no era un creyente militante, cabe consignar que vivió como tal y gobernó pueblos invocando para ellos los beneficios de la fe católica, aunque haya dejado la duda sobre si lo hacía por convicción o por utilizar un instrumento de gobierno que en todas las épocas es indispensable para conducir pueblos.

Comienza por declarar que es casado y que deja a su mujer por única albacea.

En la cláusula siguiente señala que todos los intereses que poseía los ha gastado en dar un gobierno de leyes a Costa Rica, lo mismo que dieciocho mil pesos y sus réditos que adeuda al General Pedro Bermúdez. Se refiere al préstamo que le hiciera el General peruano y que sirviera para equipar al Cruzador.

Declara no merecer la muerte por estimar que no ha cometido otra falta que dar la libertad a Costa Rica y procurar la paz de la República. Las fuerzas que ha reunido eran para defender al territorio del país bajo su mando y si las empleó en la represión del levantamiento era sólo tomando los que quisieron marchar "porque jamás se emprende una obra semejante con hombres forzados". Califica su ejecución de asesinato.

En otra de las disposiciones declarativas escribe una frase que se ha hecho célebre: "Mi amor a Centroamérica muere conmigo", señalando su heroica fidelidad a sus ideales unionistas. En seguida agrega: "Excito a la juventud que es la llamada a dar vida a este país (para él Centroamérica es un país) que dejo anarquizado, y deseo que imiten mi ejemplo de morir con firmeza antes que dejarlo abandonado al desorden en que desgraciadamente hoy se encuentra".

Hace aún una declaración de la más pura resignación cristiana: "No tengo enemigos, ni el menor rencor llevo al sepulcro contra mis asesinos, que los perdono y deseo el mayor bien posible".

Finalmente, hay una alusión a las rectificaciones que se habían operado en sus opiniones políticas, que ha sido interpretada como una evolución hacia el centralismo administrativo, al comprobar fehacientemente tras larga y dolorosa experiencia que el sistema federal, inspirado en la Constitución de los Estados Unidos y consagrado en la Constitución centroamericana de 1824, no conducía sino a la desorganización. Semejante rectificación en las ideas, se había producido en San Martín en 1820 al tener conocimiento de la anarquía en que se debatían las Provincias Unidas del Sur, víctimas del caudillismo y la barbarie que caracterizaron esa dura etapa en la vida de la América recién emancipada.

En el apéndice documental que acompaña a esta obra se incluyen los textos completos de esos dos documentos, tomados de la reproducción facsimilar del testamento ológrafo del General San Martín, que se conserva en el Museo Histórico Nacional de la República Argentina, y del testamento del General Morazán, según la impresión hecha en San Salvador el 31 de julio de 1843, en la Imprenta del Estado, por cuenta del apoderado de la albacea, don Cruz Lozano. El lector tiene en esa forma la posibilidad de verificar la exactitud de las afirmaciones comprometidas en el texto.

EPÍLOGO

Hemos trazado, en prieta síntesis, la vida de dos grandes americanos hermanados por un mismo amor a la patria, por sus gestos desinteresados, por sus renunciamientos, por su capacidad de sacrificio, por sus condiciones de estrategas, por la fuerza de su voluntad cuando estaba en juego el cumplimiento de sus planes, por sus principios democráticos que les hicieron ver la salud del pueblo como ley suprema de sus actos, por la entereza con que soportaron la ingratitud de sus contemporáneos y su propio martirio.

Sus vidas paralelas encuadran en dos épocas revolucionarias separadas, como sus respectivas edades, por algo más de una década. Diez años se interponen entre las fechas de sus primeras participaciones en los movimientos iniciados en sus patrias; igual lapso separa las fechas de sus casamientos y la circunstancia se repite si comparamos las fechas de Chacabuco y Maipo con las de La Trinidad y Gualcho. Diez años separan la liberación de Chile de la liberación de Guatemala.

La muerte quiebra las singulares coincidencias cronológicas de este paralelismo. Morazán se encuentra en Lima como desterrado voluntario cuando han transcurrido cuatro lustros desde la fecha en que San Martín inició en Lima su también voluntario destierro. En el seno de aquella sociedad peruana que lo recibió amable y cordialmente y en la que hizo grandes amigos, el héroe centroamericano pudo dejar pasar el tiempo, contemplando cómo otros finalizaban su obra inconclusa. Esa fue la actitud de San Martín que, para mantenerse ajeno a las luchas que desgarraban a su patria, rechazó la jefatura del gobierno que le ofreció Lavalle y la embajada que le ofreció Rosas. Morazán se dejó conmover por el llamado de sus amigos y precipitó su final. Pero cabe señalar que si nos duele su injusto sacrificio, no es menor la pena que se experimenta ante el pensamiento de los años solitarios de San Martín en suelo extraño, después de haber contribuido a la liberación de tres naciones con sus campañas militares. Señalemos también que pena de muerte y destierro son las sanciones máximas que pueden imponerse a un político infortunado. Uno y otro recibieron con entereza los muchos ataques y el martirio que como recompensa por sus servicios les ofreció la ingratitud de sus contemporáneos.

La posteridad ha tenido otro cartabón para medir sus méritos. Ninguno como ellos ha recibido en Sur y Centroamérica más honores póstumos. El paralelismo truncado por la muerte anticipada de Morazán se rehace a los pocos años de la desaparición de los dos paladines.

Los restos mortales de Francisco Morazán, conforme él mismo lo dispusiera, fueron entregados por el Gobierno de Costa Rica al Gobierno de El Salvador, llegando al puerto de Acajutla el 26 de enero de 1849. En esa oportunidad el Presidente Vasconcelos expresó ante el Congreso Nacional: "Si no existe ya, ciudadanos, el ilustre guerrero que condujo siempre el patriotismo a la defensa de la causa del pueblo y la libertad, poseemos al menos sus restos queridos, y él vivirá siempre en nuestro amor". Una ley aprobada el 27 de febrero de 1849 dispuso agradecer a Costa Rica por el espontáneo y preciado presente de los restos del caudillo, y colocar su retrato en el salón de sesiones de la Asamblea.

Los restos mortales de José de San Martín, conforme él mismo lo dispusiera, reposan en el corazón de Buenos Aires, habiendo sido repatriados el 28 de mayo de 1880. Su mausoleo en la Catedral Metropolitana fue inaugurado por el Presidente de la República, doctor Nicolás Avellaneda, que en esa ocasión dijo: "Don José de San Martín no tuvo sino un pensamiento: la independencia de América, y este pensamiento, gobernando su conducta, explica de un modo completo sus actos más diversos. Todo estaba subordinado en él a su designio supremo, hasta la posesión del mando; y lo renuncia en Chile para no embarazar con celos locales la formación de la escuadra que debe conducirlo al Perú, o lo ejerce en Lima, porque era necesaria su mano férrea para cavar el cimiento revolucionario en la tierra endurecida del realismo".

Correspondió a Bartolomé Mitre, como primer Presidente constitucional de los argentinos, inaugurar la estatua erigida por su patria a la memoria del General San Martín. Era el 13 de julio de 1862. Estaba presente el General Tomás Guido, el más leal de sus oficiales, el amigo de las horas buenas y malas, el que lo había acompañado cuarenta años antes en las difíciles circunstancias de la abdicación. En esa oportunidad Mitre pronunció una oración inolvidable: "La justicia póstuma de los pueblos ha comprendido al fin en el Gran Capitán y el hábil político, al hombre superior a las ambiciones vulgares que supo dirigir la fuerza con inteligencia y con vigor y usó del poder con moderación y firmeza, para hacer servir todo al triunfo de la grande y noble causa a que había consagrado su espada, su corazón y su cabeza".

En Chile, la estatua a San Martín fue inaugurada el 5 de abril de 1863, aniversario de la victoria de Maipú, que afianzó la independencia de aquel país. En Lima y en todas las capitales de América hay monumentos que recuerdan su memoria. Su busto en bronce se levanta en la Avenida de los Próceres en la Tegucigalpa de Morazán.

Correspondió al doctor Rafael Zaldívar, en su carácter de Presidente de El Salvador, inaugurar la primera estatua erigida a la memoria del General Morazán. Era el 15 de marzo de 1882. En ese solemne acto, Honduras estaba representada por el hijo político del caudillo, licenciado Cruz Ulloa, y Nicaragua por el doctor Pablo Buitrago y el poeta Rubén Darío. Del discurso del Presidente salvadoreño extraemos el siguiente párrafo: "Honremos la memoria de aquel esclarecido patriota, inspirándonos en las altísimas ideas y nobles sentimientos de su genio inmortal y afiliémonos a la santa causa que él sostuvo, que es la del progreso y de la unión nacional, para cuanto antes veamos realizado el más ferviente deseo de los salvadoreños: la reorganización de nuestra querida Patria, Centroamérica, y podamos agruparnos todos bajo el pabellón bicolor, que es la más gloriosa enseña de nuestra nacionalidad".

En Honduras, la estatua ecuestre de su hijo más ilustre fue inaugurada el 30 de noviembre de 1883, en la plaza de su nombre frente a la Catedral. En ese sitio se confunden idealmente dos calles que se extienden al norte y al sur del monumento y que llevan los nombres de los Generales Bolívar y San Martín... Otros muchos monumentos se han levantado en honor de Morazán en diferentes capitales de América. Un busto en bronce lo recuerda en la plaza de su nombre en el Buenos Aires de San Martín.

Otro homenaje, quizás el más grande que los gobiernos puedan acordar, ha sido rendido a San Martín y Morazán por Argentina y Honduras, al dar sus nombres a las máximas condecoraciones con que estos países distinguen a los hombres ilustres que quieren honrar. La Orden del Libertador San Martín fue creada por Decreto-Ley N.º 5.000 del 17 de agosto de 1943 (ley 13.202/1946) y modificada por Decreto-Ley N.º 16.628 del 17 de diciembre de 1957. La Orden del General Morazán fue creada por Decreto Legislativo número 102 del 19 de marzo de 1941 y modificada por Decreto Legislativo número 12 del 11 de enero de 1954.

Finalmente, en Argentina y en Honduras es permanente el culto a la gloria de los Libertadores, habiéndose creado sendos institutos encargados de realizar estudios especializados y reunir documentación relacionada con los grandes hechos de sus vidas. El 5 de abril de 1933 se fundó en Buenos Aires el Instituto Nacional Sanmartiniano, siendo su promotor y primer Presidente el doctor José Pacífico Otero, el más documentado de los historiadores modernos de San Martín. Actualmente tiene su sede en el edificio que reproduce la casa de Grand Bourg, donde San Martín habitó durante catorce años. El 2 de febrero de 1952 obtuvo su personería el Instituto Morazánico, creado en Tegucigalpa a iniciativa del doctor Ramón Villeda Morales, quien fue su primer Presidente. Actualmente tiene su sede en el edificio de la Biblioteca Nacional, que se levanta en el solar donde se cree estuvo la casa en que nació Francisco Morazán.

A su paso por la historia, San Martín y Morazán despertaron tremendas pasiones. Hoy, el encono de los vencidos y el resentimiento de los desplazados cede paso a la verdad y la justicia. El transcurso del tiempo no hará sino afianzar la gloria inmortal de estos hombres excepcionales.

DOCUMENTOS PARALELOS

IDEARIO POLÍTICO DE SAN MARTÍN

De la proclama después de Cancha Rayada (19-3-1818)

1.- "Una de aquellas casualidades que no es dado al hombre evitar, hizo sufrir en nuestro ejército un contraste. Era natural que un golpe que jamás esperábais, y la incertidumbre, os hiciese vacilar. Pero ya es tiempo de que volváis sobre vosotros mismos, y observéis que el ejército de la patria se sostiene con gloria al frente del enemigo; que vuestros compañeros de armas se reúnen apresuradamente; y que son inagotables los recursos de nuestro patriotismo. Al mismo tiempo que los tiranos no han avanzado un punto de sus atrincheramientos. Yo dejo en nuestro cuartel general una fuerza de más de cuatro mil hombres sin contar con las milicias. Me presento a aseguraros del estado ventajoso de vuestra suerte; y, regresando muy en breve a nuestro cuartel general, tendré la felicidad de concurrir a dar un día de gloria a la América del Sur".

Parte del campo de batalla de Maipú (5-4-1818)

2.- "Nada existe del ejército enemigo; el que no ha sido muerto, es prisionero. Artillería, ciento sesenta oficiales, todos sus generales, excepto Osorio, están en nuestro poder: yo espero que a este último me lo traigan hoy; la acción del 19 ha sido reemplazada con usura: en una palabra, ya no hay enemigos en Chile".

De la proclama de Santiago a los peruanos (13-11-1818)

3.- "Mi anuncio no es el de un conquistador que trata de sistematizar una nueva esclavitud. La fuerza de las cosas ha preparado este gran día de vuestra emancipación política y yo no quiero ser sino un instrumento accidental de la justicia y un agente del destino. Sólo la libertad del Perú os ofrece una patria segura".

Del manifiesto a los habitantes del Río de la Plata (22-7-1820)

4.- "¡Provincias del Río de la Plata! El día más célebre de vuestra revolución está próximo a amanecer. Voy a dar la última respuesta a mis calumniadores; yo no puedo menos que comprometer mi existencia y mi honor por la causa de mi país; y, sea cual fuere mi suerte en la campaña del Perú, probaré que desde que volví a mi patria, su independencia ha sido el único pensamiento que me ha ocupado, y que no he tenido más ambición que la de merecer el odio de los ingratos y el aprecio de los hombres virtuosos".

De la proclama de Pisco a las tropas peruanas (8-9-1820)

5.- "¡SOLDADOS! Acordaos que toda la América os contempla en el momento actual y que sus grandes esperanzas penden de que acreditéis la humanidad, el coraje y el honor que os han distinguido siempre dondequiera que los oprimidos han implorado vuestro auxilio contra los opresores. El mundo envidiará vuestro destino, si observáis la misma conducta que hasta aquí: ¡pero desgraciado el que quebrante sus deberes y sirva de escándalo a sus compañeros de armas! Yo lo castigaré de un modo terrible, y él desaparecerá de nosotros con oprobio e ignominia".

De una nota al General Pezuela (30-10-1820)

6.- "Si yo debiese atender tan sólo a mis deseos personales, uniforme siempre en propender a cuanto pueda influir en la cesación de la guerra, facilitando los medios de inteligencia, no me sería difícil renunciar a un título que, a la verdad, no es de importancia para el triunfo de las armas. Pero cuando el título de Libertador ha sido conferido al ejército de mi mando por una autoridad, por un poder del cual emana el mío, ni puedo ni debo renunciarlo sin faltar a mis primeros deberes. Así es que, colocado en la alternativa de dejar de cumplir con éstos absteniéndome de usar aquella denominación o pasar en silencio alguna de las cláusulas que se encuentran en el oficio de usted sobre el canje de prisioneros, tengo que recurrir al arbitrio de contestar por medio de esta carta particular, para dejar llenadas mis obligaciones en lo más esencial, ya que usted no se aviene a recibir mis notas oficiales bajo el título de General del Ejército Libertador del Perú".

De una carta al Arzobispo de Lima (20-12-1820)

7.- "Sin los consuelos que proporciona la religión que profesamos, la exasperación de estos infelices habitantes se habría convertido en despecho, y es sin duda uno de los mayores bienes que aquella ha producido el proporcionarles en sus mismas desgracias el ejercicio de una virtud cuyo influjo es suavizar los males más terribles. Pero de diez años a esta parte, las cosas han llegado a ese extremo que tarde o temprano es el término de todo lo humano: usted conoce que esta no es obra mía, ni de los hombres que en distintas partes han subrogado la autoridad del Rey; es obra del tiempo y de los sucesos que se han desencadenado por más de tres siglos: yo no soy sino un instrumento del destino de mi país y, para llenarlo de un modo digno, quisiera poder evitar toda efusión de sangre, porque al fin, todos los que perezcan en la lucha por una y otra parte, profesan una misma fe y reconocen los mismos principios. Usted ve cuál ha sido hasta aquí el progreso de mis armas y la poca fortuna que ha tenido el Virrey, así por mar como por tierra. Los pueblos, apenas aparecían en esta costa, se han puesto bajo la protección de mi ejército, y a esta fecha no hay un solo pueblo desde aquí hasta Panamá que no haya cambiado la forma de gobierno. En una guerra en que la opinión vale más que la fuerza, las armas y la resistencia pueden aumentar las desgracias, mas no poner término a la revolución".

Del primer mensaje al pueblo peruano (2-8-1821)

8.- "Cuando tenga la satisfacción de renunciar al mando, y dar cuenta de mis operaciones a los representantes del pueblo, estoy cierto que no encontrarán en la época de mi administración aquellos rasgos de venalidad, despotismo y corrupción que han caracterizado a los agentes del gobierno español en América. Administrar recta justicia y a todos, recompensando la virtud y el patriotismo y castigando el vicio y la sedición en donde quiera que se encuentre, tal es la norma que reglará mis acciones mientras esté colocado a la cabeza de esta nación".

De una carta al General O'Higgins (23-9-1821)

9.- "Al fin, nuestros desvelos han sido recompensados con los santos fines de ver asegurada la independencia de la América del Sur.

El Perú es libre, pues el único ejército en que podían confiar es deshecho. Es incalculable lo que hemos hallado en el Callao: en el solo ramo de artillería pasan de ochocientos los cañones de todos los calibres. En conclusión, yo ya veo el término de mi vida pública y voy a tratar de entregar esta pesada carga a manos seguras y a retirarme a un rincón a vivir como hombre".

De la renuncia al mando al constituirse el Congreso del Perú (20-9-1822)

10.- "Lleno de laureles en los campos de batalla, mi corazón jamás ha sido agitado de la dulce emoción que lo conmueve en este día venturoso. El placer de un triunfo para un guerrero que pelea por la felicidad de los pueblos, sólo lo produce la persuasión de ser un medio para que gocen de sus derechos; más hasta afirmar la libertad del país, sus deseos no se hallan cumplidos, porque la fortuna varía de la guerra, muda con frecuencia el aspecto de las encantadoras perspectivas. Mi gloria es colmada cuando veo instalado el Congreso Constituyente".

De la nota al Congreso rechazando el cargo de jefe de las fuerzas armadas del Perú (20-9-1822)

11.- "Al terminar mi vida pública, después de haber consignado en el seno del augusto Congreso del Perú el mando supremo del Estado, nada ha lisonjeado tanto mi corazón como el escuchar la expresión solemne de la confianza de vuestra soberanía en el nombramiento de Generalísimo de las tropas de mar y tierra de la Nación, que acabo de recibir por medio de una diputación del Cuerpo Soberano. Yo he tenido ya la honra de manifestarle mi profunda gratitud al significársele, y desde luego, tuve la satisfacción de aceptar sólo el título, porque él marcaba la aprobación de vuestra soberanía a los cortos servicios que he prestado a este país".

De la despedida a los peruanos (20-9-1822)

12.- "Presencié la declaración de la Independencia de los Estados de Chile y el Perú. Existe en mi poder el estandarte que trajo Pizarro para esclavizar el Imperio de los Incas, y he dejado de ser hombre público; he aquí recompensados con usura, diez años de revolución y de guerra.

Mis promesas para con los pueblos en que he hecho la guerra están cumplidas: hacer su independencia y dejar a su voluntad la elección de sus gobiernos.

La presencia de un militar afortunado, por más desprendimientos que tenga, es temible a los estados que de nuevo se constituyen".

De una carta a Tomás Guido (3-4-1829)

13.- "La historia, y más que todo, la experiencia de nuestra revolución, me han demostrado que jamás se puede mandar con más seguridad a los pueblos que los dos primeros años después de una gran crisis. Tal es la situación en que quedará el de Buenos Aires, que él no exigirá del que lo mande después de esa lucha, que tranquilidad. Si sentimientos menos nobles de los que poseo en favor de nuestro suelo fuesen el norte que me dirigiesen, yo aprovecharía de esta coyuntura para engañar a ese heroico pero desgraciado pueblo, como lo han hecho unos cuantos demagogos, que con sus locas teorías lo han precipitado en los males que le afligen y dándole el pernicioso ejemplo de perseguir a los hombres de bien sin reparar en los medios".

De una carta al General Miller (12-9-1842)

14.- "Mi suerte se halla mejorada, y esta mejora es debida al amigo que vengo de perder, el señor Aguado, el que aún después de su muerte ha querido demostrarme los sentimientos de la sincera amistad que me profesaba, poniéndome a cubierto de la indigencia. Sí, mi buen amigo. A él debo, no sólo mi existencia, sino la de no haber muerto en un hospital, ¡y todo esto debido a un español! Ínterin los gobiernos americanos a quienes he servido con tanto interés... Pero no toquemos este punto, pues me he propuesto incomodarme lo menos posible los pocos días que me restan de vivir".

De una carta a Juan Manuel de Rosas (2-11-1848)

15.- "A pesar de la distancia que me separa de nuestra patria, usted me hará la justicia de creer que sus triunfos son de gran consuelo para mi achacosa vejez".

De una carta a Juan Manuel de Rosas (2-11-1848)

15.- "Así es, que he tenido una verdadera satisfacción al saber el levantamiento del injusto bloqueo con que nos hostilizaban las dos primeras naciones de Europa. Esta satisfacción es tanto más completa cuanto el honor del país no ha tenido nada que sufrir y, por el contrario, presenta a todos los nuevos Estados americanos un modelo que seguir".

De una carta al General Castilla (11-9-1848)

16.- "En el período de diez años de mi carrera pública, en diferentes mandos y estados, la política que me propuse seguir fue invariable en dos solos puntos, y la suerte y circunstancias, más que el cálculo, favorecieron mis miras, especialmente en la primera, a saber: la de no mezclarme en los partidos que alternativamente dominaron en aquella época en Buenos Aires, a lo que contribuyó mi ausencia de aquella capital por espacio de nueve años".

"El segundo punto fue el de mirar a todos los Estados Americanos en que las fuerzas a mi mando penetraron, como estados hermanos, interesados todos en un santo y mismo fin".

17.- "La alianza de los pueblos americanos, aunque se ha frustrado hasta ahora, no está lejos el momento de ser puesta en práctica esta combinación admirable. Ella hará aparecer al Nuevo Mundo con todo el poder de que es susceptible, por su posición geográfica y riquezas, por la justicia de sus gobiernos, por la identidad de sus sistemas, por el crecido número de sus habitantes y, sobre todo, por el común interés que los une".

18.- "Nada omitiré para que se propague, bajo los principios que la ley establezca, la instrucción pública que proporciona las luces, destruye los errores y prepara el triunfo de la razón y la libertad. Los funestos vicios del sistema colonial se transmiten, entre nosotros, de padres a hijos. Los trastornos y revoluciones que se han repetido desde la independencia son la escuela donde aprende a conocer sus derechos esa preciosa porción de la república, que es la destinada a consolidar el sistema que nos rige".

19.- "La apertura del canal por el istmo de Nicaragua: esta obra tan grandiosa por su objeto y por sus resultados, tendrá el lugar que merece en mi consideración, y al lograr destruir los obstáculos que se opongan a su práctica, satisfaré en parte los deseos de servir a mi patria".

20.- "Una ciega obediencia a las leyes que he jurado, rectas intenciones para buscar el bien general, y el sacrificio de mi vida para conservarlo, es lo único que puedo ofrecer. Subo a la silla del Ejecutivo armado de lisonjeras esperanzas".

Del Mensaje al Congreso Federal en 1836

21.- "Ciudadanos Representantes: Los pueblos libres calculan los años de su vida social por la existencia de sus poderes representativos. Centroamérica tiene hoy la gloria de contar, en la reunión del Congreso de 1836, el noveno período de su Gobierno Constitucional, y el quinto triunfo adquirido por los que han osado entorpecer la marcha de sus libres instituciones. A despecho de las pasiones y de las resistencias políticas, cuyo objeto tendiera a embarazar este acto augusto de la soberanía del pueblo, yo tengo la honra y la más viva satisfacción de presentarme ante la Diputación Nacional para darle cuenta de las operaciones del Gobierno durante el año que acaba de transcurrir, en cumplimiento de un deber tanto más sagrado para mí cuanto emana de la ley".

22.- "Aun no ha podido llevarse a efecto el tratado que se haya encargado de celebrar el señor Cónsul General de Inglaterra residente en esta República. A pesar de los vivos deseos que el Gobierno ha tenido de estrechar de este modo sus relaciones comerciales y de amistad con aquella nación, un incidente fundado en la necesidad y urgencia de fijar los límites y duración del establecimiento de Belice, se ha opuesto, por ahora, a sus miras. Por ahora, digo, porque estoy seguro que la Corte de Londres no pondrá en cuestión el derecho indisputable que Centroamérica tiene sobre aquel pequeño territorio. Su ilustrado Gobierno, que tantos testimonios ha dado a las Repúblicas americanas de su política franca y generosa, no dudo se prestará gustoso al arreglo que se desea. Cumpliendo con este acto de justicia, obrará también en favor de los intereses del pueblo inglés, de ese gran pueblo que ha cifrado siempre su gloria y su riqueza en la libertad del comercio y en la independencia de las naciones".

23.- "La educación de la juventud, de esa porción escogida para regir en algún día los destinos de la República, ha merecido muy

139

particularmente la atención del Gobierno. Un pueblo que, rompiendo las cadenas de la esclavitud, se arroja, digámoslo así, de repente en el camino de la libertad, no puede marchar sin tropiezos por él, sino buscando en la educación el cultivo de su inteligencia e instruyéndose en el cumplimiento de sus deberes. No hablo aquí de la educación culta y esmerada que exige grandes establecimientos literarios, y se acomoda tan bien a toda clase de Gobierno; hablo de la sencilla educación popular que, sin tener por objeto las ciencias exactas, que han dado celebridad a muchos hombres, es el alma de las naciones libres".

24.- "Suerte meditando entre los escombros y ruinas que han dejado las guerras pasadas los medios de evitar otras nuevas; para buscar en las cenizas de los que perecieron en ella las chispas que sirven para inflamar el corazón de los hombres virtuosos; para enjugar las lágrimas que se derraman aún sobre restos venerables de tan ilustres víctimas; para romper y pulverizar, en fin, esa funesta cadena de revoluciones y de desastres, forjada por las manos de la venganza, por el mezquino interés privado, por el monstruo implacable que preside a los partidos, y principalmente por las pasiones innobles de los que no ven en el orden actual de cosas sino ruina y exterminio de sus antiguos privilegios; es a vosotros a quienes pertenece emprender con energía y firmeza esta obra digna de vuestras luces y patriotismo, y dar al pueblo, en la mejora de sus instituciones, dicha, reposo y gloria".

Del Manifiesto de David
25.- "La profesión de los derechos del pueblo, la ley de la libertad de imprenta, la que suprimió las comunidades religiosas, la que creara la academia de Ciencias, en que se enseñaban los principales ramos del saber humano —repuesta por vosotros con la antigua Universidad de San Carlos—, la del habeas corpus, los códigos de pruebas, de procedimientos y de juicios, obra del inmortal Livingston, adoptados con el mejor éxito, y tantas otras, fueron al momento derogadas por vosotros y el vacío que dejaran estos monumentos del patriotismo, lo llenasteis con nombres odiosos, que recordarán al pueblo su antigua esclavitud y sus tiranos".

De la Exposición a los Gobiernos de la Unión

26.- "Ni los males que estos padecían, ni las persecuciones de mis amigos, ni las excitaciones continuas de los que eran perseguidos en el interior de la República, habían podido variar la conducta neutral que he observado en los veintidós meses de mi espontáneo destierro. Esta conducta habría sido invariable para mí, si un suceso tan inesperado como sensible no me hubiese hecho mudar de resolución, en fuerza de los nuevos deberes que me lo prescribían, y de ese sentimiento nacional irresistible por aquellos que tienen corazón para su patria".

27.- "Si consultamos la historia, veremos en ella que el derecho de las grandes naciones ha fundado en algún tiempo en causas de tal naturaleza que sólo habrían excitado la burla y el desprecio si no hubiesen sido sostenidas con las armas, y este abuso, funesto para los pueblos débiles que la ambición ha sancionado tantas veces y legitimado el derecho del más fuerte, se ha repetido por desgracia en nuestros días".

28.- "Lejos de mí la idea de que se obre militarmente antes de haber dado todos los pasos que las leyes exigen y prescribe la prudencia para pedir que se nos haga justicia. Las armas son medios usados por los que carecen de razón, y la que tienen los centroamericanos en la cuestión presente, no puede admitir duda ni por aquellos que se han posesionado impunemente de una parte de nuestro territorio".

PROCLAMA DEL GENERAL JOSÉ DE SAN MARTÍN A LOS HABITANTES DE LAS PROVINCIAS DEL RÍO DE LA PLATA

(Manifiesto de la Desobediencia)

Compatriotas:

Se acerca el momento en que yo debo seguir el destino que me llama: voy a emprender la grande obra de dar la libertad al Perú. Mas antes de mi partida quiero deciros algunas verdades, que sentiría las acabaseis de conocer por experiencia. También os manifestaré las quejas que tengo; no de los hombres imparciales y bienintencionados, cuya opinión me ha consolado siempre, sino de algunos que conocen poco sus propios intereses y los de su país, porque al fin, la calumnia, como todos los crímenes, no es sino obra de la ignorancia y del discernimiento pervertido.

Vuestra situación no admite disimulo: diez años de constantes sacrificios sirven hoy de trofeo a la anarquía; la gloria de haberlos hecho es un pesar actual, cuando se considera su poco fruto. Habéis trabajado un precipicio con vuestras propias manos, y acostumbrados a su vista, ninguna sensación de horror es capaz de deteneros.

El genio del mal os ha inspirado el delirio de la federación: esta palabra está llena de muertes y no significa sino ruina y devastación. Yo apelo sobre esto a vuestra propia experiencia y os ruego que escuchéis con franqueza de ánimo la opinión de un general que os ama, y que nada espera de vosotros. Yo tengo motivos para conocer vuestra situación, porque en los dos ejércitos que he mandado, me ha sido preciso averiguar el estado político de las provincias que dependían de mí. Pensar en establecer el gobierno federativo en un país casi desierto, lleno de celos y de antipatías locales, escaso de saber y de experiencia en los negocios públicos, desprovisto de rentas para hacer frente a los gastos del gobierno general, fuera de los que demande la lista civil de cada Estado, es un plan cuyos peligros no permiten infatuarse, ni aun con el placer efímero que causan siempre las ilusiones de la novedad.

Compatriotas: Yo os hablo con la franqueza de un soldado: si dóciles a la experiencia de diez años de conflictos no dais a vuestros deseos una dirección más prudente, temo que, cansados de la anarquía, suspiréis al fin por la opresión, y recibáis el yugo del primer aventurero feliz que se presente, quien, lejos de fijar vuestro destino, no hará más que prolongar vuestra incertidumbre.

Voy ahora a manifestaros las quejas que tengo, no porque el silencio sea una prueba difícil para mis sentimientos, sino porque yo no debo dejar en perplejidad a los hombres de bien, ni puedo abandonar enteramente a la posteridad el juicio de mi conducta, calumniada por hombres en quienes la gratitud algún día recobrará sus derechos.

Yo servía en el ejército español en 1811: veinte años de honrados servicios me habían atraído alguna consideración, sin embargo, de ser americano. Supe la revolución de mi país, y al abandonar mi fortuna y mis esperanzas, sólo sentía no tener más que sacrificar al deseo de contribuir a la libertad de mi patria. Llegué a Buenos Aires a principios de 1812 y desde entonces me consagré a la causa de América: sus enemigos podrán decir si mis servicios han sido útiles.

En 1814 me hallaba de gobernador de Mendoza; la pérdida de este país dejaba en peligro la provincia de mi mando, yo la puse luego en estado de defensa, hasta que llegase el tiempo de tomar la ofensiva. Mis recursos eran escasos y apenas tenía un embrión de ejército; pero conocía la buena voluntad de los cuyanos y emprendí formarlo bajo un plan que hiciese ver hasta qué grado puede apurarse la economía para llevar al cabo las grandes empresas.

En 1817 el ejército de los Andes estaba ya organizado. Abrí la campaña de Chile y el 12 de febrero mis soldados recibieron el premio de su constancia. Yo conocí que desde este momento excitaría celos mi fortuna, y me esforcé, aunque sin fruto, a calmarlos con la moderación y el desinterés.

Todos saben que después de la batalla de Chacabuco me hallé dueño de cuanto puede dar el entusiasmo a un vencedor; el pueblo chileno quiso acreditarme su generosidad ofreciéndome todo lo que es capaz de lisonjear al hombre; él mismo es testigo del aprecio con que recibí sus ofertas y de la firmeza con que rehusé admitirlas.

Sin embargo de esto, la calumnia trabajaba contra mí con una perfecta actividad; pero buscaba las tinieblas, porque no podía existir delante de la luz. Hasta el mes de enero próximo pasado, el general San Martín merecía el concepto público en las provincias que formaban la Unión, y sólo después de haber triunfado la anarquía ha entrado en el cálculo de mis enemigos el calumniarme sin disfraz y reunir sobre mi nombre los improperios más exagerados.

Pero yo tengo derecho a preguntarles: ¿Qué misterio de iniquidad ha habido en esperar la época del desorden para denigrar mi opinión? ¿Cómo son conciliables las suposiciones de aquéllos con la conducta del gobierno de Chile y la del ejército de los Andes? El primero, de acuerdo con el Senado y voto del pueblo, me ha nombrado jefe de las fuerzas expedicionarias; y el segundo me eligió por su general en el mes de marzo, cuando, trastornada en las Provincias Unidas la autoridad central, renuncié el mando que había recibido de ellas, para que el ejército acantonado entonces en Rancagua nombrase el jefe a quien quisiere voluntariamente obedecer.

Si tal ha sido la conducta de los que han observado de cerca mis acciones, no es posible explicar las de aquellos que me calumnian desde lejos, sino corriendo el velo que oculta sus sentimientos y sus miras. Protesto que me aflige el pensar en ellos, no por lo que toca a mi persona, sino por los males que amenazan a los pueblos que se hallan bajo su influencia.

Compatriotas: Yo os dejo con el profundo sentimiento que causa la perspectiva de vuestras desgracias; vosotros me habéis acriminado aun de no haber contribuido a aumentarlas, porque éste habría sido el resultado si yo hubiese tomado una parte activa en la guerra contra los federalistas: mi ejército era el único que conservaba su moral, y lo exponía a perderla abriendo una campaña en que el ejemplo de la licencia armase mis tropas contra el orden. En tal caso era preciso renunciar la empresa de libertar al Perú, y, suponiendo que la suerte de las armas me hubiese sido favorable en la guerra civil, yo habría tenido que llorar la victoria con los mismos vencidos. No, el general San Martín jamás derramará la sangre de sus compatriotas, y sólo desenvainará la espada contra los enemigos de la independencia de

Sudamérica. En fin, a nombre de vuestros propios intereses os ruego que aprendáis a distinguir los que trabajan por vuestra salud, de los que meditan vuestra ruina; no os expongáis a que los hombres de bien os abandonen al consejo de los ambiciosos: la firmeza de las almas virtuosas no llega hasta el extremo de sufrir que los malvados sean puestos al nivel de ellos: ¡y desgraciado el pueblo donde se forma impunemente tan escandaloso paralelo!

¡Provincias del Río de la Plata! el día más célebre de nuestra revolución está próximo a amanecer. Voy a dar la última respuesta a mis calumniadores: yo no puedo hacer más que comprometer mi existencia y mi honor por la causa de mi país; y sea cual fuere mi suerte en la campaña del Perú, probaré que desde que volví a mi patria, su independencia ha sido el único pensamiento que me ha ocupado; y que no he tenido más ambición que la de merecer el odio de los ingratos y el aprecio de los hombres virtuosos.

Cuartel General en Valparaíso, 22 de julio de 1820.

José de San Martín

MANIFIESTO DEL GENERAL MORAZÁN A LOS GOBIERNOS DE LOS ESTADOS FEDERALES

(Manifiesto desde La Unión)

Señor Presidente del Estado:

Ese sentimiento inextinguible, el amor a la patria, avivado por la prohibición de volver a ella, me hizo olvidar muy pronto mis sufrimientos pasados y prescindir de toda injerencia en su futura suerte.

Si alguna vez los papeles públicos me instruían de que mi voluntaria separación de la República en nada había cambiado su suerte, temí que las buenas intenciones que para mejorarla me condujesen, si bien pudieran servir para justificarme con las personas que conocían mis opiniones y designios, no bastarían a desmentir las inculpaciones que se me dirigiesen por otros que los ignorasen, si el éxito no correspondía a mis deseos, y me contentaba por esto con hacer votos por su prosperidad. Sacrificaba gustoso a este sentimiento el derecho que la naturaleza y las leyes nacionales me dan para intervenir en la organización de mi patria, porque me alimentaba la idea de que los nuevos directores de la cosa pública, más afortunados que sus predecesores, podrían establecer un Gobierno de leyes que hiciese la felicidad de los centroamericanos.

Ni los males que estos padecían, ni las persecuciones de mis amigos, ni las excitaciones continuas de los que eran perseguidos en el interior de la República, habían podido variar la conducta neutral que he observado en los veintidós meses de mi espontáneo destierro. Esta conducta habría sido invariable para mí, si un suceso tan inesperado como sensible no me hubiese hecho mudar de resolución, en fuerza de los nuevos deberes que me lo prescribían, y de ese sentimiento nacional irresistible por aquellos que tienen un corazón para su patria.

Desde que llegó a mí noticia que la República estaba amenazada por un pueblo bárbaro, que sólo había excitado hasta entonces la compasión de los que saben apreciar los nobles sentimientos que lo hicieron preferir la ignorancia y miseria en que se halla a la esclavitud que le ofrecían los conquistadores españoles en recompensa de sumisión al Gobierno absoluto de los Borbones, yo no podía manifestarme indiferente sin participar de la humillación nacional.

Pero cuando estas noticias fueron confirmadas por la proclama que con fecha 22 del próximo agosto expidió el Supremo Director del Estado de Nicaragua, y con el aviso de su Ministro de 4 de octubre último, que recibí en Lima en los momentos mismos de embarcarme con dirección a la República de Chile, me decidí a unir mi suerte con las de sus defensores.

Fue tan grande la impresión que en mí hizo la lectura de estos documentos, en que se llama a una parte de los centroamericanos a tomar las armas para defender la integridad de su territorio, como el atentado que había obligado a dictarlos.

La energía y decisión con que se habla en ellos al pueblo nicaragüense excitó de tal modo el amor patrio de los centroamericanos que se hallaban conmigo, que borró en ellos hasta la más pequeña idea que les recordase los motivos por que nos encontrábamos a tanta distancia del suelo que nos proponíamos defender. Desde entonces ya sólo vimos en él amigos decididos a unir su suerte con la nuestra para salvar el honor nacional. Ningún centroamericano dejó de participar de este deseo, y puedo asegurar en favor suyo que su actividad y decisión han contribuido a proporcionarme el honor que hoy tengo de ofrecer al Supremo Gobierno de este Estado un buque armado con las municiones de guerra que se encuentran a bordo, así como nuestros pequeños servicios en concepto de soldados voluntarios.

Señálesenos el lugar que debemos ocupar y al jefe a quien obedecer, y la manera con que cumplamos las órdenes de los Gobiernos de los Estados será la mejor garantía de las sanas intenciones, si con el honor puede conciliarse el sacrificio que se nos exija.

La ocupación de una parte de la Costa Norte por un pueblo extraño como el de los moscos, no podrá verse nunca con indiferencia, porque equivale a perder para siempre un terreno que será con el tiempo a la República de gran utilidad, y porque la tolerancia de un hecho de tanta magnitud prepararía otros de igual naturaleza y de mayor trascendencia para lo sucesivo; pero la ocupación de San Juan del Norte, ejecutada por este mismo pueblo, es un golpe de muerte para la República, porque a mi modo de ver está cifrada su existencia nacional, la consolidación de un Gobierno y su bienestar y grandeza, en la apertura del gran canal oceánico por el propio puerto de San Juan.

Con igual motivo a los que han servido para usurpar este puerto podrían más tarde ocuparse las capitales de los Estados, porque la codicia no conoce límites cuando encuentra un débil pretexto en qué fundar sus pretensiones y un apoyo en la arbitrariedad de un Gabinete poderoso.

Si consultamos la historia, veremos en ella que el derecho de las grandes naciones se ha fundado en algún tiempo en causas de tal naturaleza que sólo habrían excitado la burla y el desprecio si no hubiesen sido sostenidas con las armas, y este abuso, funesto para los pueblos débiles que la ambición ha sancionado tantas veces y legitimado el derecho del más fuerte, se ha repetido por desgracia en nuestros días.

Si más de tres siglos de posesión nunca interrumpida no nos han dado un derecho al puerto de San Juan, ¿cuál es el en que fundan el suyo tantas naciones que por los mismos medios han adquirido los inmensos territorios que hoy poseen? La nación que nos niegue la legalidad de nuestros títulos a aquel puerto ha roto los suyos; títulos que le recuerdan su antigua pequeñez y miseria, y que son hoy la única base de su poder y el origen de su prosperidad y grandeza.

Lejos de mí la idea de que se obre militarmente antes de haber dado todos los pasos que las leyes exigen y prescribe la prudencia para pedir que se nos haga justicia. Las armas son medios usados por los que carecen de razón, y la que tienen los centroamericanos en la cuestión presente no puede admitir duda ni por aquellos que se han posesionado impunemente de una parte de nuestro territorio.

Si me es lícito expresar mis opiniones, no para que las adopte ese Supremo Gobierno, sino para que vea en ellas los sentimientos que me animan, me permitiré el consignarlas solemnemente al terminar esta exposición. Sería de desear:

Que se nombrase un Ministro que procurase arreglar la cuestión sobre territorio de una manera amistosa y digna de la Nación que va a representar;

Que se ponga entretanto en estado de defensa la República;

Que se satisfagan los justos reclamos que por indemnización y empréstitos exigen los extranjeros, señalando a este fin los productos líquidos de la alcabala marítima.

Este acto de justicia revelará a las naciones extranjeras la existencia de un Gobierno que quiere y puede satisfacer sus compromisos, dando al mismo tiempo con esto una prueba de su estabilidad y poder y de los sanos principios en que está basada su política.

Semejante conducta serviría, a mi concepto, a los Gobiernos de Centroamérica, para que se les atendiese en los fundados reclamos que deben hacer, puesto que ellos mismos habían dado ya el ejemplo administrando cumplida justicia a acreedores extranjeros.

Pero si, contra lo que debe esperarse como resultado de esta conducta y de estos hechos, no se pudiera lograr una transacción honrosa para la República, quedará por lo menos a los centroamericanos la satisfacción de haberla procurado y de acreditar al mundo entero que si se les coloca entre la humillación y la guerra, elegirán siempre el último partido, aun cuando tengan la certeza de no poder salvar más que el honor.

Me suscribo, señor Presidente, con toda la consideración, su atento seguro servidor.

Francisco Morazán

A bordo del bergantín "Cruzador", bahía de La Unión, febrero 16 de 1842.

PROCLAMA DEL GENERAL SAN MARTÍN AL EJÉRCITO LIBERTADOR

(Despedida del Ejército del Perú)

Compañeros de armas:

Los grandes deberes del destino a que me he constituido para consolidar la libertad del Perú, no me permiten continuar a vuestra cabeza; pero al anunciároslo, es un deber manifestaros mis sentimientos.

Ocho años os he mandado, y al fin vuestras virtudes y constancia, bajo los auspicios del cielo, han producido la independencia de la América del Sur: sobre los hielos de la cordillera de los Andes, surcando las aguas del Pacífico y en las costas desiertas del Perú, la patria os vio siempre contentos. Hambres, desnudeces, fatigas y muerte habéis arrostrado con entusiasmo: celosos de excusarme disgustos, habéis dado al mundo el primer ejemplo de la más célebre fraternidad entre ejércitos de dos naciones. Rivales sólo en buscar los peligros, firmes en las desgracias, moderados en la victoria, feroces en el combate, hermanos de los pueblos que habéis libertado y protectores de los desgraciados, éste ha sido el distintivo del ejército libertador.

Compañeros: mi gratitud tendrá por modelo vuestro heroísmo: me veréis a vuestro lado mientras haya peligros; arrojados los enemigos de este país, yo descenderé a la simple clase de ciudadano, depositando el destino del Perú en las manos de su Congreso soberano: buscaré en el retiro el seno de la paz, y en cada día que abrace a un viejo soldado del ejército libertador, recibiré la más dulce recompensa de todos mis trabajos. Entretanto, vosotros conocéis al benemérito general que os he puesto al frente. Él es uno de los primeros veteranos del ejército; os acompañará con constancia, y os dirigirá a la victoria.

Compañeros: recibid mi gratitud y mi corazón.

Lima, 24 de agosto de 1821.

PROCLAMA DEL GENERAL MORAZÁN A LOS HABITANTES DE LAS PROVINCIAS DE CENTROAMÉRICA

(Manifiesto de David)

¡Hombres que habéis abusado de los derechos más sagrados del pueblo por un sórdido y mezquino interés! Con vosotros hablo, enemigos de la Independencia y de la Libertad. Si vuestros hechos, para procuraros una Patria, pueden sufrir un paralelo con los de aquellos centroamericanos que perseguís o habéis expatriado, yo, a su nombre, os provoco a presentarlos. Ese mismo pueblo que habéis humillado, insultado, envilecido y traicionado tantas veces, que os hace hoy los árbitros de sus destinos y nos proscribe por vuestros consejos, ese pueblo será nuestro Juez.

Si la lucha que os propongo es desigual, todas las ventajas de ella están de vuestra parte.

Tenéis en vuestro apoyo:

Que os halláis colocados en el poder, y que nosotros nos encontramos en la desgracia.

Que podéis hacer uso de vuestra autoridad para procurarnos acusadores, y que nosotros no encontramos tal vez ni un testigo.

Que os habéis constituido en nuestros jueces, y declarado que somos vuestros reos.

Que nuestra voluntaria retirada de los negocios públicos, con un objeto más noble que el que ha podido caber jamás en vuestros corazones, la habéis interpretado como fuga.

Que vosotros, que no os atrevisteis nunca a vernos cara a cara, nos insultáis atrozmente en vuestra imprenta; y, añadiendo el escarnio a la venganza, habéis tomado la mano misma que os ha envilecido para trazar los caracteres de un nombre funesto que no podemos pronunciar sin oprobio, y nuestra expatriación se ha decretado.

Y, en fin, para complemento de vuestro triunfo, todas las apariencias acreditan que el pueblo que nos va a juzgar os pertenece. Pero no importa. Nosotros tenemos la justicia. Vamos a los hechos.

Cuando vosotros disfrutábais de una Patria, no podíamos nosotros pronunciar este dulce nombre. Recordadlo. Vosotros habéis gozado muchos años de los bienes de esa Patria que buscáis hoy en vano. ¿Encontraréis en la República de Centroamérica algunas señales de ella? No. Aunque le dáis hoy este nombre, más extranjeros sois por vuestros propios hechos en el pueblo que os vio nacer, que nosotros en México, en el Perú y en la Nueva Granada. Por la identidad de nuestros principios con los que sirven de base a los Gobiernos de estas Repúblicas, nosotros hemos hallado en ellas simpatías que vosotros no encontraréis en el propio suelo de vuestros padres (que ya no os pertenece) desde el momento mismo que se descubran vuestros engaños. Pero si aun queréis buscar vuestra Patria, la hallaréis sin duda por las señales que voy a daros. Oíd y juzgad.

En vuestra Patria, los nombres del Marqués de Aycinena y su familia… se hallaban colocados en los primeros empleos del Gobierno absoluto, y los nuestros se ocultaban en la multitud.

En vuestra Patria cometíais culpas que se olvidaban por unas tantas monedas, y a nosotros se nos exponía a la vergüenza pública.

En vuestra Patria perpetrábais los más atroces delitos, a los que se les daba el nombre de debilidades para dejarlos sin castigo, y nosotros sufríamos la nota de infames hasta nuestra quinta generación.

En vuestra Patria ejecutábais crímenes que siempre se quedaban impunes, porque vosotros mismos erais los jueces; y nosotros perdíamos la salud en los calabozos y la vida en los cadalsos.

En vuestra Patria ostentábais los honrosos títulos de tiranos, y nosotros representábamos el humillante papel de esclavos.

En vuestra Patria teníais la gloria de apellidaros los opresores del pueblo, y gemíamos nosotros bajo la opresión.

Y cuando en vuestra Patria, ensanchando la escala de los opresores, descendíais hasta los infames oficios de carceleros y de verdugos, a nosotros se nos exigían los reos y las víctimas.

Y para que nada faltase a vuestra dicha y a nuestra desgracia, así en la tierra como en el cielo, ¡hasta los santos sacábais de vuestras propias familias! y los malvados, a vuestro juicio, sólo se encontraban en las nuestras.

Vosotros oíais continuamente en sus revelaciones la felicidad que os aguardaba, en tanto que a nosotros sólo se nos anunciaban desgracias.

Vosotros dirigíais con confianza vuestras súplicas al pie de los altares, porque hacíais propicios a sus sacerdotes con las riquezas que exigíais al pueblo, en tanto que éste temía elevar sus plegarias, por no poder acompañarlas con ofrendas.

Y por último, para llenar la medida de vuestro poder y nuestro infortunio, aun más allá de la tumba, en tanto que las almas de nuestros padres vagaban sin consuelo en derredor nuestro, para demandarnos los medios de lograr su eterno descanso… vosotros comprábais el cielo que no habíais merecido, con los tesoros que os proporcionaban las leyes de un infame monopolio.

He aquí vuestra Patria. Recordadla. Pero si aun insistiéreis en disputarnos la que por tantos títulos nos pertenece, exhibid vuestras pruebas, que nosotros daremos las nuestras; y si resultase un solo hecho en vuestro favor contra mil que presentemos nosotros, consentiremos gustosos en ser a los ojos del mundo lo que hoy somos a los vuestros.

No es vuestra Patria: porque en 1812, en que por la primera vez se ventilaron los derechos de los americanos, vosotros hacíais de injustos jueces, de viles denunciantes y de falsos testigos contra los amigos de la Independencia del Gobierno absoluto.

Es nuestra Patria: Porque en la misma época nosotros nos la procurábamos, difundiendo ideas de Libertad y de Independencia en el pueblo, sin que vuestras amenazas nos arredrasen ni nos intimidase la muerte, ya sea que se nos presentase en la copa de Sócrates, que la encontrásemos al cabo del dogal que quitó la vida al Empecinado o que se pronunciase en vuestros inicuos tribunales.

No es vuestra Patria: Porque cuando triunfaron las ideas de Libertad en la metrópoli, cuando los patriotas españoles quitaron algunos eslabones a la pesada cadena de nuestra esclavitud, revelándonos de este modo lo que éramos y lo que podíamos ser, vosotros conspirásteis contra el Gobierno constitucional que se estableciera en toda la monarquía. Como enemigos de las luces, cooperásteis con aquellos que pretendieron entonces independizarse del Gobierno de las Cortes y trasladar a la América el Gobierno absoluto de los Borbones.

Es nuestra Patria: Porque en el mismo tiempo hacíamos resonar el grito de Independencia en todo el Reino de Guatemala. Todo aquél que tenía un corazón americano se sintió entonces electrizado con el sagrado fuego de la Libertad. Por una disposición de la provincia, los amigos del Gobierno absoluto de los Borbones, enemigos de la Independencia de España constitucional, se unieron con los independientes de ambos Gobiernos y proclamaron la separación de la antigua metrópoli el 15 de septiembre de 1821. Y de este modo vuestros nombres figurarán en la historia al lado de los reyes Luis IX, Luis XI y otros muchos que trabajaron sin pensarlo, en favor de la democracia, sistema que hoy gobierna en la República de Centroamérica.

No es vuestra Patria: Porque en 1821 acreditásteis con un hecho, que es a los ojos del mundo un grave crimen, vuestro tardío arrepentimiento por haber cometido otro crimen que no es menos grave a los vuestros.

Los remordimientos de vuestra conciencia por haber cooperado a la Independencia de un pueblo indócil, que convirtió en su provecho lo que era destinado al vuestro, quisisteis aquietarlos sacrificando a un gran conspirador los derechos de este mismo pueblo; y en lugar de un viejo monarca, nos disteis un nuevo usurpador: en lugar de la tiranía de los Borbones, nos disteis el escándalo de un emperador de farsa, más opresor porque era más inepto, y su opresión mil veces más sensible, porque la ejercía sin títulos, sin tino, con sus iguales y por la vez primera.

Es nuestra Patria: Porque cuando vosotros, al lado del general mejicano don Vicente Filísola, hicisteis los mayores esfuerzos por conservar la dominación del emperador Iturbide en los pueblos que habíais subyugado por la intriga, aunque sin éxito, nosotros procuramos evitarla. Cuando muchos de vosotros, a la retaguardia de aquel general, erais testigos de los últimos esfuerzos del heroico pueblo salvadoreño, que, mal defendido y cobardemente abandonado por su jefe en el momento mismo del peligro, sucumbió noblemente, y con más gloria que la que pudo caber a sus vencedores; nosotros por este mismo tiempo, en el propio teatro de la guerra, en Guatemala,

Honduras y Nicaragua, corríamos la suerte de los vencidos, por la identidad de nuestras opiniones.

El pueblo salvadoreño, sin armas y abandonado a su propia suerte, hizo impotente la negra intriga que se formara en su seno con innobles miras. Defendió por largo tiempo la más hermosa de todas las causas, adquiriendo por digna recompensa de sus grandes hechos, la inmarcesible gloria de dar al mundo el grandioso espectáculo de un pueblo libre que se regenera, obteniendo en su propia derrota la reivindicación de los mismos derechos que se la ocasionaran, en tanto que sus injustos agresores pierden todas las ventajas que les diera su malhadado triunfo.

Por un distinguido favor de la Providencia, los últimos cañonazos que quitaran la vida a los mejores hijos de El Salvador y completaran en el Reino de Guatemala la dominación de Iturbide, eran contestados por los que se disparaban en México, para celebrar la completa destrucción de un imperio que sólo apareció al mundo para oprobio de sus autores. Y por justo resultado de estos hechos, del Reino de Guatemala, libre del dominio del emperador Iturbide, en donde habíais creado vuestra nueva Patria, se formó la nuestra, bajo un sistema democrático, con el nombre de República Federal de Centroamérica.

Si ya no podéis negar estos hechos, que todo el pueblo ha presenciado, pretendiéreis, en vuestro despecho, arrojar de nuevo vuestra acusación favorita, a saber: "Que muchos de nosotros nos hemos enriquecido defendiendo la independencia y la libertad", —no pretendiendo dejaros ni este miserable recurso—.

Tal como es para mí de falsa e insultante la proposición, yo la levanto del suelo, en donde la ha colocado el desprecio público, con la fundada esperanza de tirárosla a la cara con doble fuerza. Si se puede llamar riqueza la que obtuvieron algunos de vuestros jefes militares en el sitio de Mexicanos, por medio de un mezquino monopolio, —estamos todos de acuerdo—. Pero si los bienes de los regulares componen la única riqueza que se ha podido encontrar en Centroamérica, levante la mano el más atrevido de vosotros, y clave en nuestra frente la nota de infame a los que la hubiéramos merecido por este hecho u otro semejante.

Volvamos al asunto. Después de la caída de Iturbide, ¿cuál ha sido la conducta que habéis observado? Yo os la recordaré.

Vuestra debilidad os hizo firmar la Constitución General de 1824, y combatirla vuestra perfidia en 1826, 27 y 28.

Con este interés disteis vuestros sufragios de presidente al señor Arce; y este mismo interés os hizo despojarlo, cuando ya había llenado, en parte, vuestras miras, por si fuera adversa la suerte, en el momento mismo de exterminar a vuestros enemigos.

Vuestra razón de Estado llevó por segunda vez la guerra a muerte a los pueblos de El Salvador, que perpetuaron vuestros jefes por interés.

Vuestra venganza iluminó por mucho tiempo las oscuras noches de estío con el incendio de poblaciones indefensas, para que la rapaz y mezquina codicia de vuestros militares, que se ejercitaba a media noche, encontrase alumbrado el camino por donde se condujeron a vuestro campo los miserables despojos que habían librado de las llamas.

Esta devastación, esta mira, que sólo habría terminado con la dominación a que aspirabais, y que se os escapara de las manos por la imbecilidad y cobardía de vuestros guerreros, desapareció con los triunfos de Gualcho, Mexicanos y Guatemala, y los liberales vencedores acreditaron con la completa reorganización de la República, que eran dignos de regir los destinos de un pueblo libre.

Vuestra venganza, jamás satisfecha, y vuestros deseos de dominar, nunca extinguidos, trajeron otra vez la guerra a la República para dar un nuevo testimonio al mundo de vuestras miras, y a los centroamericanos una prueba de todo lo que debieran esperar y temer de sus enemigos.

El coronel Domínguez, que defendiera vuestra causa con tanto empeño en 1828, invadió los puertos del Norte en 1831, se introdujo con fuerzas en el Estado de Honduras para presenciar sus derrotas, y encontró por último la muerte en la ciudad de Comayagua.

El ex presidente Arce, que apareció en el mismo tiempo por Escuintla de Soconusco con tropas mexicanas que habían destruido la independencia nacional, fue completamente batido por el valiente general N. Raoul. No pudiendo aquel desgraciado jefe imitar a Moreau, que murió combatiendo contra su país natal con un valor que atenuara su crimen; ni a Coriolano, que obligado a retirarse de las puertas de Roma por las súplicas de la que lo llevara en su vientre, acreditó que no le faltaban virtudes, siguió el ejemplo de tantos griegos que se reunieran con los enemigos de su patria para combatirla, y sufrió, como ellos, el digno castigo en su propia derrota y en las dobles maldiciones de los mercenarios extranjeros vencidos y de sus conciudadanos vencedores.

Esta injusta guerra se terminó con la ocupación del Castillo de San Fernando de Omoa, en donde el malvado Guzmán, que sirviera en vuestras filas como soldado en 1828, enarboló la bandera española. Después de una lucha obstinada de cinco meses, que diezmara nuestro ejército, y de la epidemia que lo quitara, fue abatida esa señal oprobiosa de nuestra antigua esclavitud por el valiente y sufrido general Guzmán, que hizo rendir la fortaleza. Y para dar al mundo un testimonio de los extremos opuestos a que pueden conducir vuestras opiniones y las nuestras, en el mismo campo en donde está colocada la cabeza de un traidor, hijo de la República, y de vuestro partido, que elevara sobre las murallas del castillo el símbolo de nuestra opresión, existen los sepulcros de mil centroamericanos, del nuestro, que lo despedazaran.

No pretendo asegurar que todos vosotros hayáis aplaudido aquel crimen; si puede afirmarse que hubiesen algunos de vosotros que lo vieran con indignación, permítaseme preguntar a los demás: ¿si tiene alguna analogía con la rendición de la plaza de San Salvador en 1823? ¿Si Fernando VII y la bandera española tienen algo de común con la del Imperio mexicano y Agustín I? ¿Si las garras de la joven Águila que se ven pintadas en ésta, oprimen o hieren con más fuerza que las del viejo León hispano que se mira en las armas de aquéllas que dominaran la América por tres siglos?

Esta guerra, tan fecunda en hechos que ilustraron las armas del Gobierno Nacional, que no fue menos abundante en sucesos que justificaron más y más la causa de los liberales vencedores, arrojó sin embargo elementos funestos de discordia. A éstos se unió el descontento, que naturalmente debió producir una Administración de diez años, continuamente contrariada por los hábitos que dejara el Gobierno absoluto, cuyos resortes tocasteis con oportunidad para preparar la revolución de 1840.

Vosotros, apoyados en el fanatismo religioso, destruisteis en el Estado de Guatemala las obras que los demócratas consagraron a la libertad, en tanto que los bárbaros las hollaron con su inmunda planta.

La profesión de los derechos del pueblo —la ley de la libertad de imprenta—, la que suprimió las comunidades religiosas, la que creara la Academia de Ciencias, en que se enseñaban los principales ramos del saber humano, repuesta por vosotros con la antigua Universidad de San Carlos —la del habeas corpus—, los códigos de pruebas, de procedimientos y de juicios, obra del inmortal Livingston, adoptados con el mejor éxito, y tantas otras, fueron al momento derogadas por vosotros, y el vacío que dejaran estos monumentos del patriotismo llenasteis con nombres odiosos, que recordarán al pueblo su antigua esclavitud y sus tiranos.

En los Estados de Nicaragua y Honduras, los justos deseos de reformas, no satisfechos con las que hiciera el Congreso en 1831 y 1835, fueron de nuevo excitados por dos folletos que escribió el ex Marqués de Aycinena. En ellos pretendía éste probar que no estábamos bien constituidos, porque los Estados, como en Norteamérica, no fueron antes que la Nación, y porque la Constitución Federal es más central que la de aquella República.

Proposiciones en su origen insidiosas, risibles en su aplicación y que han merecido el desprecio de los hombres sensatos.

Pretender que las Constituciones de nuestros Estados debieran existir antes que la general, es pedir un imposible, porque los españoles, que nunca fueron ni tan ilustrados ni tan generosos como los ingleses con sus colonos, no nos permitieron otra ley que la voluntad del Soberano.

Asegurar que por esta falta no estamos bien constituidos y somos desgraciados, es ignorar las causas que han contribuido a la felicidad de aquel pueblo afortunado.

Afirmar que la Constitución Federal de Centroamérica es más central que la de los Estados Unidos del Norte, es un insulto que no podrá sufrir con paciencia el que haya hecho una comparación de estas leyes.

En fin, atreverse a asegurar ante el público tantas falsedades juntas, es abusar demasiado de su sencillez y buena fe, y del silencio que han observado los centroamericanos ilustrados que conocen que ni los norteamericanos pudieron hacer su felicidad copiando las Constituciones democráticas que habían servido a otros pueblos, ni el de Centroamérica, en su actual estado, hará la suya adoptando la Ley Fundamental de aquella República si no puede trasplantar al mismo tiempo el espíritu que le da vida.

Pero Aycinena sólo ha tenido por mira, al propagar estas doctrinas, producir una revolución. ¡Ojalá sea más afortunado en esta vez que lo fuera con su familia en la del Imperio mexicano, que defendieron con tanto ardor!

Si el Duque de Orleans encontró en la guillotina el castigo de haber anarquizado al pueblo francés, aparentando para subir al trono ideas liberales que no profesara, descendiendo de lo grande a lo pequeño, debe tener igual suerte, Aycinena, que usa de los mismos medios para recobrar sus honores.

Ni el oro del Guayape, ni las perlas del Golfo de Nicoya, volverán a adornar la corona del Marqués de Aycinena; ni el pueblo centroamericano verá más esta señal oprobiosa de su antigua esclavitud; pero si alguna vez brillase en su frente este símbolo de la aristocracia, será el blanco de los tiros del soldado republicano.

Y para que nada faltase de ignominioso y funesto a la revolución que habéis últimamente promovido, apareció en la escena el salvaje Carrera, llevando en su pecho las insignias del fanatismo, en sus labios la destrucción de los principios liberales y en sus manos el puñal que asesinara a todos aquellos que no habían sido abortados, como él, de las cavernas de Mataquescuintla. Este monstruo debió desaparecer con el cólera morbus asiático que lo produjo. Al lado de un fraile y de un clérigo se presentó por la primera vez revolucionando los pueblos contra el Gobierno de Guatemala, como envenenador de los ríos que aquéllos conjuraban, para evitar, decían, el contagio de la peste. Y contra este mismo Gobierno, fue el apoyo de los que en su exasperación le dieron parte en la ocupación de la ciudad de Guatemala. Fue su peor enemigo cuando éstos quisieron poner término a sus demasías y vandalismos, y su más encarnizado perseguidor y asesino cuando el salvaje se uniera con vosotros.

Es necesario que no se ignore la conducta de este insigne malvado, que ha excedido con sus crímenes a todos los tiranos sin conocerlos.

Su vida forma una cadena no interrumpida de delitos, acompañada de circunstancias horrendas.

El fusilamiento de varios jueces del circuito, en cuyo número se cuenta al ciudadano F. Zapata, que ejercía sus funciones en Jalpatagua, es de este número.

Como en todos los pueblos, lo primero que hizo Carrera fue incendiar en la plaza la ley que establecía el juicio por jurados, y los códigos que eran el espanto de los malvados, porque se habían sentenciado en pocos días, con arreglo a ellos, reos de muchos años.

En seguida hizo colocar al juez Zapata en el lugar destinado al suplicio, a tiempo que pasaban de camino, para la ciudad de El Salvador, las señoritas Juana y Guadalupe Delgado. Juzgando sin duda, el malvado asesino, que todos tenían un corazón que se complaciera como el suyo con la muerte de la inocente víctima, las obligó a presenciar la ejecución, a pesar de sus súplicas y lágrimas para evitarla, y de sus esfuerzos para separarse de aquella escena de horror.

El rapto, entre tantos raptos, de una joven doncella que vivía con sus padres en la hacienda de la Laguna de Atescatempa, fue acompañado de circunstancias que no deben ignorarse.

Carrera, que había visitado a esta honrada familia, y de ella recibió diversas insinuaciones de cariño, quiso retribuirlas con un crimen, como acostumbra.

Para ocultar el malvado su perfidia a la que era objeto de sus torpes deseos, recurrió a otro crimen, que pudo producir peores consecuencias por el gran compromiso en que puso a su Gobierno.

Hizo disfrazar a un oficial para que, a la cabeza de algunos soldados que debieran suponerse salvadoreños, y de consiguiente enemigos, ocupasen en la noche la casa de la hacienda. A pretexto que los dueños de ella hicieron servicios a Carrera, tenían orden de reducirlos a prisión y conducir a la joven hacia el Estado de El Salvador. El bandido, con un considerable número de soldados, debía encontrarse con ellos en el camino, y éstos contestar al ¿quién vive? El Salvador libre. A esta palabra de guerra se convinieron en hacerse mutuamente fuego las dos fuerzas, sin usar de las balas, dispersarse los fingidos salvadoreños en seguida y dejar en sus manos la causa inocente de tanta maldad para exigirle su deshonra en premio de haberla salvado.

Todo se habría ejecutado a satisfacción de Carrera, si la Divina Providencia no hubiera destinado, en justo castigo, una bala que se le introdujera en el pecho cuando se batían en apariencia las dos partidas. Esta bala, en concepto de algunos, se puso por casualidad en el fusil; pero otros creen haber sido dirigida por la venganza del oficial que había sido en otro tiempo maltratado por Carrera; lo cierto es, que le condujo preso a Guatemala, con los soldados que le acompañaban para cumplir las órdenes de su General.

La gravedad de la herida, que lo obligara a sacramentarse, no le hizo olvidar el único trofeo de su infernal campaña, que condujo por la fuerza a su cuartel general de Jutiapa. La joven tuvo el profundo sentimiento de que su criminal raptor sanase de la herida, y su desgraciada familia sufrió su deshonra sin quejarse.

La noticia de este hecho obligó a separarse del Gobierno al Presidente del Estado de Guatemala, ciudadano Mariano Rivera Paz, para andar 27 leguas de mal camino, con el único fin de expresar al malvado el sentimiento que le causara ver derramar la sangre preciosa del caudillo adorado de los pueblos. Sangre que, con estas mismas palabras, tuvo el descaro de reclamar al Gobierno del Estado de El Salvador, llevando adelante, para paliar el crimen cometido por Carrera, la infame trama que éste urdiera para ocultarlo.

La muerte del Diputado Cayetano Cerda, que lo obligara Carrera a cenar a su mesa en señal de amistad, y lo mandara asesinar en seguida por el mismo centinela que lo guardaba.

La muerte que dio con su propia lanza a un elector de Guajiniquilapa, que se negó a prestarle su voto.

El asesinato de todos los heridos del 19 de marzo en la plaza de Guatemala, ocupada a la bayoneta, evacuada después rompiendo la línea enemiga, por falta de municiones y por no haber encontrado los auxilios que ofrecieron los liberales. Asesinato tanto más criminal, cuanto que se habían tratado con las debidas consideraciones al oficial Montúfar y 35 soldados que se tomaron prisioneros en la acción, y respetado al padre Obispo y Canónigos que se encontraron en la Catedral, confundidos con los soldados enemigos que se batieron con los nuestros dentro del mismo edificio.

La muerte que dio a cuarenta de los más distinguidos ciudadanos de Quezaltenango, en cuyo número se cuentan las autoridades municipales, después de haber rescatado a muchos de ellos la vida, esposas y hermanos con grandes sumas de dinero que Carrera recibió, son los menores delitos que ha cometido este malvado.

A este monstruo estaba reservada la invención diabólica de acompañar con su propia guitarra los movimientos del señor Lavangnini, a quien obligaba a danzar, y los últimos ayes de las cuarenta víctimas que asesinó el 2 de abril en la misma plaza de Quezaltenango, para acostumbrar así los oídos del pueblo y prepararlo a nuevas matanzas.

A este monstruo estaba reservado el acto de mayor inmoralidad y perfidia, que ejecutó en la propia ciudad de Quezaltenango. Habiendo prevenido al pueblo que se presentase en la plaza a una hora señalada, bajo la pena de muerte, cuando se encontraba ya reunido, mandó saquear a su tropa toda la ciudad, que contiene 25.000 habitantes.

A este monstruo estaba también reservado enterrar a los vivos, como lo ejecutó con un vecino respetable del pueblo de Salamá, porque le faltaban mil pesos en que había valorado su vida. A pesar de que su familia le presentó alhajas en doble valor, lo introdujo, sin embargo, en la sepultura que le había obligado a cavar, y lo cubrió de tierra hasta la garganta, dándole después golpes en la cabeza, que le produjeron la muerte; lo abandonó a su inocente familia, que en su desolación derramaba lágrimas sobre el cadáver, cargando en seguida el bandido con el vil precio de su infame asesinato.

A este monstruo estaba reservado...

Pero ¿cuál es el delito que no ha podido perpetrar ese malvado? Existe uno —¡quién lo creyera! — que solo estaba reservado a vosotros: ¡dar a Carrera, en premio de tanto crimen, el poder absoluto que hoy ejerce en el Estado de Guatemala por vuestros votos!

Que nuestros conciudadanos que han presenciado todos estos hechos, desde las prisiones de Belén en 1812, hasta las matanzas de Carrera en la ciudad de Quezaltenango en 1840, juzguen y decidan ahora si tenéis algún título para llamaros centroamericanos, y cuáles son los nuestros. Y si, como esperamos, la justicia decide en nuestro favor; si los pueblos patrióticos de que se componen los Estados de Nicaragua, Honduras, El Salvador, Los Altos y parte del de

Guatemala, han descubierto vuestras pérfidas miras, preparaos, no sólo a abandonar la República, sino a andar errantes, como los hijos de Judea, tras la Patria de los tiranos, que buscaréis en vano. Sí, en vano, porque la libertad que habéis combatido tantas veces, derramando la sangre de sus mejores defensores, ha recobrado el imperio del orbe, que por un don del cielo ejercía en los primeros tiempos. Los pueblos de ambos mundos profesaban ya su culto; los Gobiernos del nuevo son obra suya, y los del antiguo caen y se precipitan a su voz para no reaparecer más sobre la tierra.

David, 16 de julio de 1841.

F. MORAZÁN.

HONORES RENDIDOS A SAN MARTÍN POR EL CONGRESO DEL PERÚ

1.- ES DESIGNADO GENERALÍSIMO DE LAS ARMAS DEL PERÚ.

Excelentísimo Señor: Penetrando altamente el Soberano Congreso de los heroicos servicios de vuestra Excelencia a la causa del Perú, y satisfecho de los ardientes deseos que agitan a vuestra Excelencia por la conclusión de la campaña, y en ella el exterminio de los opresores de América, ha venido en nombrar a vuestra Excelencia Generalísimo de las Armas del Perú. De orden del Soberano Congreso lo ponemos en conocimiento de vuestra Excelencia.

Dios guarde a vuestra Excelencia muchos años.
Lima, septiembre 20 de 1822.
Fdo. Javier de Luna Pizarro, Presidente.
José Sánchez Carrión, Diputado Secretario.
Francisco Javier Mariátegui, Diputado Secretario.
Excelentísimo Señor don José de San Martín, Generalísimo de las Armas del Perú.

2.- ES DESIGNADO PRIMER SOLDADO DE LA LIBERTAD Y SE DECRETA UNA ACCIÓN DE GRACIAS EN SU HONOR.

Excelentísimo Señor: El Soberano Congreso, considerando que la primera obligación de un pueblo libre es la gratitud y reconocimiento de los autores de su existencia política y de su felicidad, y convencido de que al fuerte brazo de vuestra Excelencia debe la tierra del sol este incomparable bien, ha decretado una acción de gracias a vuestra Excelencia, cuyo testimonio deberá elevarle una comisión de su seno.

La nación peruana se lisonjea de ser agradecida a la par de los eficacísimos esfuerzos que vuestra Excelencia ha hecho, lanzándose como el rayo desde la célebre montaña que vio los últimos días de Lautaro, a exterminar en el suelo de los incas el férreo yugo de España.

El Congreso manifiesta en esta exposición la sinceridad de sus votos, sin perjuicio de expresarlos en la primera acta de sesiones, que no podrá borrar la mano del tiempo, teniendo en el General San Martín al primer soldado de la libertad. De orden del mismo Congreso se lo comunicamos a vuestra Excelencia para su inteligencia y satisfacción.

Dios guarde a vuestra Excelencia muchos años.
Sala del Congreso, Lima, septiembre 20 de 1822.
Fdo. Javier de Luna Pizarro, Presidente.
José Sánchez Carrión, Diputado Secretario.
Francisco Javier Mariátegui, Diputado Secretario.
Excelentísimo Señor don José de San Martín, Generalísimo de las Armas del Perú.

HONORES RENDIDOS A MORAZÁN POR EL CONGRESO DE COSTA RICA

1.- ES DESIGNADO LIBERTADOR DE COSTA RICA.

La Asamblea Constituyente del Estado de Costa Rica, deseando dar testimonio público de sus sentimientos de gratitud hacia el Benemérito General señor Francisco Morazán, a cuyos sacrificios y patrióticos esfuerzos debe el Estado su libertad y la gloria de ser regido por un Gobierno que es el baluarte de su seguridad y demás bienes sociales; que por lo mismo es conveniente fijar de una manera irrevocable la memoria de los importantes servicios que dicho señor General ha prestado a la causa de Costa Rica, consignando su nombre con el mejor distintivo en un acto solemne de la representación del pueblo, con unanimidad de votos, ha venido a decretar y decreta:

Artículo Único.–El Benemérito General señor Francisco Morazán se denominará en lo sucesivo Libertador de Costa Rica.

Comuníquese al Poder Ejecutivo para que se imprima, publique y circule.

Dado en San José, a los quince días del mes de julio de mil ochocientos cuarenta y dos.

José Francisco Peralta, Diputado Presidente.–
Joaquín Bernardo Calvo, Diputado Secretario.–
Félix Sancho, Diputado Secretario.

2.- SE DECRETA UNA ACCIÓN DE GRACIAS EN HONOR DEL EJÉRCITO LIBERTADOR DEL GENERAL MORAZÁN.

Artículo 19.–Los Representantes del Estado votan acción de gracias a la División de centroamericanos que, al mando del Benemérito General Francisco Morazán, vino a dar libertad a Costa Rica.

Artículo 20.–Quieren, a nombre de los costarricenses, se manifieste su reconocimiento a los generales, jefes, oficiales y soldados que componen la indicada División, y el aprecio que hacen de sus servicios.

Artículo 39.–En lo sucesivo se le denominará: División Libertadora de Costa Rica.

Comuníquese al Poder Ejecutivo para su publicación y cumplimiento.

Dado en la ciudad de San José, a los veintisiete días del mes de julio de mil ochocientos cuarenta y dos.

José Francisco Peralta, Diputado Presidente.–

Joaquín Bernardo Calvo, Diputado Secretario.–

Félix Sancho, Diputado Secretario.

EL TESTAMENTO DEL GENERAL SAN MARTÍN

En el nombre de Dios Todopoderoso a quien reconozco como Hacedor del Universo: digo yo José de San Martín, Generalísimo de la República del Perú, y fundador de su libertad, Capitán General de la de Chile, y Brigadier General de la Confederación Argentina, que, visto el mal estado de mi salud, declaro por el presente testamento lo siguiente:

1°–Dejo por mi absoluta heredera de mis bienes habidos y por haber, a mi única hija Mercedes de San Martín, actualmente casada con Mariano Balcarce.

2°–Es mi expresa voluntad el que mi hija suministre a mi hermana María Elena una pensión de mil francos anuales, y a su fallecimiento, se continúe pagando a su hija Petronila una de doscientos cincuenta hasta su muerte, sin que para asegurar este don que hago a mi hermana y sobrina, sea necesaria otra hipoteca que la confianza que me asiste de que mi hija y sus herederos cumplirán religiosamente esta mi voluntad.

3°–El sable que me ha acompañado en toda la guerra de la Independencia de la América del Sur le será entregado al General de la República Argentina don Juan Manuel de Rosas, como una prueba de la satisfacción que, como argentino, he tenido al ver la firmeza con que ha sostenido el honor de la República contra las injustas pretensiones de los extranjeros que trataban de humillarla.

4°–Prohíbo el que se me haga ningún género de funeral, y desde el lugar en que falleciese se me conducirá directamente al cementerio sin ningún acompañamiento; pero sí desearía el que mi corazón fuese depositado en el de Buenos Aires.

5°–Declaro no deber ni haber jamás debido nada a nadie.

6°–Aunque es verdad que todos mis anhelos no han tenido otro objeto que el bien de mi hija amada, debo confesar que la honrada conducta de ésta, y el constante cariño y esmero que siempre me ha manifestado, han recompensado con usura todos mis esmeros, haciendo mi vejez feliz: yo la ruego continúe con el mismo cuidado y contracción la educación de sus hijas (a las que abrazo con todo mi corazón), si es que a su vez quiere tener la misma feliz suerte que yo he tenido. Igual encargo hago a su esposo, cuya honradez y hombría de bien no ha desmentido la opinión que había formado de él, lo que me garantiza continuará haciendo la felicidad de mi hija y nietas.

7°–Todo otro testamento o disposición anterior al presente queda nulo y sin ningún valor.

Hecho en París, a veinte y tres de enero del año mil ochocientos cuarenta y cuatro, y escrito todo él de mi puño y letra.

JOSÉ DE SAN MARTÍN

ARTÍCULO ADICIONAL

Es mi voluntad el que el Estandarte que el bravo español don Francisco Pizarro tremoló en la conquista del Perú, sea devuelto a esta República (a pesar de ser una propiedad mía), siempre que sus gobiernos hayan realizado las recompensas y honores con que me honró su primer Congreso.

JOSÉ DE SAN MARTÍN

EL TESTAMENTO DEL GENERAL MORAZÁN

San José, septiembre 15 de 1842.

Día del aniversario de la independencia, cuya integridad he procurado mantener.

"En el nombre del Autor del Universo en cuya religión muero.
"Declaro que soy casado y dejo a mi mujer por única albacea.

"Declaro que todos los intereses que poseía, míos y de mi esposa, los he gastado en dar un gobierno de leyes a Costa Rica, lo mismo que diez y ocho mil pesos y sus réditos, que adeudo al Sr. general Pedro Bermúdez.

"Declaro que no he merecido la muerte, porque no he cometido más falta que dar libertad a Costa Rica, y procurar la paz a la República. De consiguiente, mi muerte es un asesinato, tanto más agravante, cuanto que no se me ha juzgado ni oído. Yo no he hecho más que cumplir las órdenes de la Asamblea, en consonancia con mis deseos de reorganizar la República.

"Protesto que la reunión de soldados que hoy ocasiona mi muerte, la he hecho únicamente para defender el Departamento de Guanacaste, perteneciente al Estado, amenazado —según las comunicaciones del comandante de dicho Departamento— por fuerzas del Estado de Nicaragua. Que si ha habido en mis deseos el usar después de algunas de estas fuerzas para pacificar a la República, sólo era tomando de aquellos que voluntariamente quisieran marchar; porque jamás se emprende una obra semejante con hombres forzados.

"Declaro que al asesinato se ha unido la falta de palabra que me dio el comisionado Espinach de Cartago de salvarme la vida.

"Declaro que mi amor a Centroamérica muere conmigo. Excito a la juventud, que es llamada a dar vida a este país que dejo con sentimiento, por quedar anarquizado, y deseo que imiten mi ejemplo de morir con firmeza antes de dejarlo abandonado al desorden en que desgraciadamente hoy se encuentra.

"Declaro que no tengo enemigos, ni el menor rencor llevo al sepulcro contra mis asesinos, que los perdono y deseo el mayor bien posible.

"Muero con el sentimiento de haber causado algunos males a mi país, aunque con el justo deseo de procurarle su bien; y este sentimiento se aumenta porque, cuando había rectificado mis opiniones en política en la carrera de la revolución, y creía hacerle el bien que me había prometido para subsanar de este modo aquellas faltas, se me quita la vida injustamente.

"El desorden con que escribo, por no habérseme dado más que tres horas de tiempo para morir, me había hecho olvidar que tengo cuentas con la casa de Mr. N. Bennett, de resultas del corte de madera en la costa del norte, en las que considero alcanzar una cantidad de diez a doce mil pesos, que pertenecen a mi mujer en retribución de las pérdidas que ha tenido en sus bienes pertenecientes a la hacienda de Jupuara, y tengo además otras deudas que no ignora el Sr. Cruz Lozano.

"Quiero que este testamento se imprima en la parte que tiene relación con mi muerte y los negocios públicos."

F. MORAZÁN

LEY DE CREACIÓN DE LA ORDEN DEL LIBERTADOR SAN MARTÍN

DECRETO N.º 16.228. — Buenos Aires, 17 de diciembre de 1957.

Visto la propuesta del Ministro de Relaciones Exteriores y Culto, en su carácter de Gran Canciller de la "Orden del Libertador San Martín", y

CONSIDERANDO:

Que el Gobierno Provisional de la Nación ha considerado en diferentes oportunidades la necesidad de reconocer a funcionarios extranjeros los méritos adquiridos por su amistad con nuestro país;

Que para honrar la virtud y premiar el mérito, las Repúblicas de América instituyen desde su fundación órdenes destinadas a consagrar esos títulos;

Que nuestro Libertador, el General San Martín, fue quien adoptó en Lima la iniciativa, diciendo que, "en consideración de tan solemnes motivos" creaba "la Orden del Sol, para recompensar a todos los hombres beneméritos, por ser ésa la prerrogativa más honorable de todo Gobierno";

Que por estos fundamentos el Gobierno Provisional de la Nación desea que la "Orden del Libertador San Martín" no signifique una distinción de mera cortesía, sino la más alta recompensa nacional para los funcionarios civiles o militares extranjeros que merezcan el honor y el reconocimiento de la Nación;

Por ello,

El Presidente Provisional de la Nación Argentina, en ejercicio del Poder Legislativo y en acuerdo general de Ministros, decreta con fuerza de

LEY:

Artículo 1.º — Derógase la Ley N.º 13.202/46 y todas las disposiciones legales que se opongan al presente Decreto-Ley.

Artículo 2.º — Créase la "Orden del Libertador San Martín", cuya condecoración será otorgada exclusivamente a los funcionarios civiles o militares extranjeros que, en el ejercicio de sus funciones, merezcan en alto grado el honor y reconocimiento de la Nación.

Artículo 3.º — La Orden comprenderá los siguientes grados:

I. Collar;
II. Gran Cruz;
III. Gran Oficial;
IV. Comendador;
V. Oficial; y
VI. Caballero.

Artículo 4.º — El Capítulo de la Orden y el despacho de los asuntos concernientes a ella estará a cargo de un Consejo presidido por el Gran Maestre de la Orden, que será el Excelentísimo señor Presidente de la Nación, siendo el Ministro de Relaciones Exteriores y Culto el Gran Canciller de la Orden, e integrado por el Gabinete Nacional y regido de acuerdo con las normas reglamentarias que se dicten.

Artículo 5.º — La "Orden del Libertador San Martín" será conferida por el Gran Maestre de la Orden, después de cumplidas todas las formalidades reglamentarias que se dicten, con acuerdo del Consejo y por Decreto del Poder Ejecutivo.

Artículo 6.º — Los agraciados con la "Orden del Libertador San Martín", antes de la promulgación del presente Decreto-Ley, quedan reconocidos en el derecho adquirido cuando les fue otorgada esta condecoración y se encontrarán comprendidos dentro de los términos de este Decreto-Ley.

Artículo 7.º — Por el Ministerio de Relaciones Exteriores y Culto reglamentase el presente Decreto-Ley.

Artículo 8.º — Comuníquese, dése a la Dirección General del Boletín Oficial, publíquese y archívese.

ARAMBURU. — Isaac Rojas. — Alfonso de Laferrére. — Víctor J. Majó. — Teodoro Hartung. — Jorge H. Landaburu. — Carlos R. S. Alconada Aramburu. — Sadi E. Bonnet. — Pedro Mendiondo. — Acdel E. Salas. — Adalberto Krieger. — Alberto F. Mercier. — Ángel H. Cabral. — Tristán F. Guevara. — Francisco Martínez. — Julio C. Cueto Rúa.

LEY DE CREACIÓN DE LA ORDEN DE MORAZÁN

El Congreso Nacional de la República de Honduras,

DECRETA:

Artículo 1. — Instituyese la Condecoración de la Orden de Morazán.

Artículo 2. — Esta Condecoración, símbolo de alto honor y de reconocimiento, podrá conferirse a los hondureños por eminentes servicios prestados a la Patria o a la Humanidad; por virtudes cívicas acrisoladas, o por notorios méritos de carácter científico o artístico; a los extranjeros a quienes, en igualdad de méritos con los nacionales, el Poder Ejecutivo considere acreedores a este honor; y a quienes, en casos excepcionales, haya que corresponder por las distinciones que otorguen a los funcionarios hondureños.

Artículo 3. — La Orden de Morazán tendrá seis grados:

Gran Cruz, Placa de Oro;
Gran Cruz, Placa de Plata;
Gran Oficial;
Comendador;
Oficial; y
Caballero.

Artículo 4. — La concesión de esta Condecoración en cualesquiera de sus grados, corresponde al Presidente de la República, a propuesta del Consejo de la Orden, que estará formado por los Secretarios de Estado, presididos por aquél, o en su ausencia, por el Secretario de Relaciones Exteriores.

Artículo 5. — El Presidente de la República es, de derecho, el Jefe de la Orden, y el Secretario de Relaciones Exteriores, su Canciller.

Artículo 6. — El Poder Ejecutivo, por medio de la Secretaría de Relaciones Exteriores, queda autorizado para expedir el Reglamento de esta Ley en todos sus detalles y para determinar las insignias correspondientes a cada grado, así como a las personas o funcionarios a quienes deban otorgarse.

Artículo 7. — Este Decreto principiará a regir desde el día de su publicación en la "Gaceta Oficial", quedando desde esa fecha derogado el Decreto Legislativo N.º 44, de 24 de enero de 1950, que reformó el N.º 102, del 19 de marzo de 1941.

Fdo. F. S. Jiménez, Presidente; Eliseo Pérez Cadalso y J. Suazo A., Secretarios.

Tegucigalpa, 12 de enero de 1954.

Por Tanto: Ejecútese.

Fdo. Juan Manuel Gálvez, Presidente de la República;

J. E. Valenzuela, Secretario de Estado en el Despacho de Relaciones Exteriores.